Líbranos del mal

Ernestina Sodi Miranda

Líbranos del mal

AGUILAR

Copyright © 2006, Ernestina Sodi Miranda
De esta edición:
D. R. © Santillana Ediciones Generales S.A. de C.V., 2007.
Av. Universidad 767, Col. del Valle
México, 03100, D.F. Teléfono (55) 54207530
www.editorialaguilar.com.mx

Argentina
Av. Leandro N. Alem, 720
C1001AAP Buenos Aires
Tel. (54 114) 119 50 00
Fax (54 114) 912 74 40
Bolivia
Av. Arce, 2333
La Paz
Tel. (591 2) 44 11 22
Fax (591 2) 44 22 0
Colombia
Calle 80, nº10-23
Bogotá
Tel. (57 1) 635 12 00
Fax (57 1) 236 93 82
Costa Rica
La Uruca
Del Edificio de Aviación
Civil 200 m al Oeste
San José de Costa Rica
Tel. (506) 220 42 42 y
220 47 70
Fax (506) 220 13 20
Chile
Dr. Aníbal Ariztía, 1444
Providencia
Santiago de Chile
Tel. (56 2) 384 30 00
Fax (56 2) 384 30 60

Ecuador
Av. Eloy Alfaro, N33-347 y Av. 6
de Diciembre
Quito
Tel. (593 2) 244 66 56 y 244
21 54
Fax (593 2) 244 87 91
El Salvador
Siemens, 51
Zona Industrial Santa Elena
Antiguo Cuscatlan - La Libertad
Tel. (503) 2 505 89 y 2 289 89 20
Fax (503) 2 278 60 66
España
Torrelaguna, 60
28043 Madrid
Tel. (34 91) 744 90 60
Fax (34 91) 744 92 24
Estados Unidos
2105 NW 86th Avenue
Doral, FL 33122
Tel. (1 305) 591 95 22 y 591
22 32
Fax (1 305) 591 91 45
Guatemala
7ª avenida, 11-11
Zona nº 9
Guatemala CA
Tel. (502) 24 29 43 00
Fax (502) 24 29 43 43

Honduras
Colonia Tepeyac Con-
tigua a Banco Cuscatlan
Boulevard Juan Pablo,
frente al Templo Adven-
tista 7º Día, Casa 1626
Tegucigalpa
Tel. (504) 239 98 84
México
Av. Universidad, 767
Colonia del Valle
03100 México DF
Tel. (52 5) 554 20 75 30
Fax (52 5) 556 01 10 67
Panamá
Av. Juan Pablo II, nº 15.
Apartado Postal 863199,
zona 7
Urbanización Industrial
La Locería - Ciudad de
Panamá
Tel. (507) 260 09 45
Paraguay
Av. Venezuela, 276
Entre Mariscal López y
España
Asunción
Tel. y fax (595 21) 213
294 y 214 983

Perú
Av. San Felipe, 731
Jesús María
Lima
Tel. (51 1) 218 10 14
Fax. (51 1) 463 39 86
Puerto Rico
Av. Rooselvelt, 1506
Guaynabo 00968
Puerto Rico
Tel. (1 787) 781 98 00
Fax (1 787) 782 61 49
República Dominicana
Juan Sánchez Ramírez, nº 9
Gazcue
Santo Domingo RD
Tel. (1809) 682 13 82 y
221 08 70
Fax (1809) 689 10 22
Uruguay
Constitución, 1889
11800 Montevideo
Uruguay
Tel. (598 2) 402 73 42 y
402 72 71
Fax (598 2) 401 51 86
Venezuela
Av. Rómulo Gallegos
Edificio Zulia, 1º. Sector
Monte Cristo. Boleita Norte
Caracas
Tel. (58 212) 235 30 33
Fax (58 212) 239 10 51

Primera edición: octubre de 2006
Sexta reimpresión: marzo de 2007.
ISBN: 968-19-1212-8
D. R. © Diseño de cubierta:Mayte Amezcua
Diseño de interiores: José Manuel Caso-Bercht Serrano (mancaso3@prodigy.net.mx)
Fotografía de portada: prueba de vida que los secuestradores enviaron a los familiares de
Ernestina Sodi para cobrar su rescate.

Impreso en México.

Para Thali

Índice

Introducción

Soy una víctima más del secuestro. Fui vencida por la violencia más sorda, más oscura, a sangre fría, a manos de unos delincuentes. Enfermos que buscan emociones y satisfacciones perversas y que actúan según sus deseos desenfrenados de poder, apropiándose de la vida, del mundo y los valores de los demás.

Mis captores me someten, me injurian, me degradan; me despojan de un derecho básico de los seres humanos: la libertad. Atentan contra lo más sagrado que tenemos: la vida.

Ser víctima de un secuestro no sólo significa sufrir la privación de la libertad, la pérdida del valor de la vida y de toda la dignidad, sino también soportar un trato brutal e inhumano.

Durante mi cautiverio, me encierran en espacios de dos metros cuadrados, recibo golpes, me mantienen con los ojos vendados por horas y horas todos los días. Aguanto amenazas, presión, humillación sexual y psicológica, me someten a vigilancia continua, me obligan a permanecer en silencio, mientras que suena de fondo, una música estridente a todo volumen que no cesa nunca.

El ambiente es ajeno y aterrador. Estoy forzada a vivir en una atmósfera de locura, recibiendo un trato frío y ambivalente; me amenazan de muerte mientras cuidan de mí.

Estoy en un lugar donde tengo que comportarme con absoluta sumisión y docilidad, consciente de que mi vida depende de la habilidad para ser obediente y capaz de convivir con esa locura infame. Vivo un tiempo en el que aprendo el significado de la incomunicación por el aislamiento, en que experimento el verdadero dolor, soportando en silencio lágrimas muy amargas.

Vivo el dolor de una realidad desgarrada, una orfandad, privada de afectos, reducida a la calidad de un objeto mercantil, de un trueque; circunstancias que me confirman que mi vida depende de los deseos y caprichos de mis captores.

El secuestro es un drama estremecedor que asegura el sufrimiento de las víctimas, familiares y amigos. Es una tortura que no termina con la liberación; la privación de la libertad es un delito despiadado que demuestra el grado de violencia que subyace en nuestra sociedad, una violencia que los mexicanos inocentes a veces tenemos que soportar.

El incremento del secuestro en nuestro país es la evidencia concreta de esta rampante enfermedad social que debe ser enfrentada fuertemente con justicia y respeto a nuestras garantías como ciudadanos, como personas.

En México el secuestro se ha convertido en una industria floreciente y sin límites, un delito del que podemos ser víctimas todos, un crimen que no respeta géneros, edades o condiciones sociales. Hoy en día las víctimas solemos ser mujeres y niños, pero puede ocurrirle a cualquiera.

El secuestro es un crimen que deja a la sociedad sumergida en el miedo, la indignación y el descontento; es una trasgresión que pone en riesgo la seguridad nacional, despojando al gobierno de autoridad.

En el momento de la captura la víctima inicia un recorrido de pánico y dolor, mientras vive los primeros efectos de este atentado contra la vida física y su mundo interior.

La pesadilla comienza cuando el delincuente captura a la víctima y le advierte que se trata de un secuestro; son instantes traumáticos en los que inicia una batalla de la víctima consigo misma, una lucha que puede prolongarse por días, semanas, meses y años, en un intento de solucionar las secuelas dejadas por el plagio.

En el momento del secuestro no sólo se nos despoja de la libertad, también se nos arrebata la noción de realidad, nos arrancan nuestros valores, experimentamos el vacío, son momentos en que tenemos que enfrentar la terrible posibilidad de la muerte, o de la supervivencia en una atmósfera cargada de vileza. Tiempos terribles en los que se descubre la fragilidad de la vida y se experimenta la violencia incontenible del choque de dos mundos, situación que desencadena una lucha de valores en el mundo interior de las víctimas, que buscan ansiosamente el verdadero sentido de la vida.

Hablar una y otra vez de mis experiencias después del secuestro me ha permitido reconocerme como una mujer victimizada, sin ninguna posibilidad para defenderme ante ese tipo de violencia.

He llegado a encontrar la forma de reconstruirme y asumir todo el horror que mis secuestradores me obligaron a vivir. Ha sido un recorrido difícil que me llevó a enfrentar un sinnúmero de batallas complejas que no me correspondían; he padecido y llorado, y poco a poco he aceptado que nada de lo que viví fue justo, pero que por los azares de la vida, eso me tocó vivir.

El secuestro me robó, no sólo un tiempo hermoso, mío, sino muchas otras cosas maravillosas. Sin embargo, hoy, la terrible experiencia parece quedarse atrás, entre los recuerdos tristes, en un sitio donde guardo los pasajes que no pude entender ni logré saber por qué ocurrieron.

Hoy empiezo a sentirme triunfadora, me reconozco como sobreviviente. Me parece que todo lo pasado me convierte en algún tipo de heroína de cuento; me siento cada vez más fuerte, con más entusiasmo para concretar muchos planes, entre ellos estar aquí, escribiendo este libro, un libro que no tendría que haberse escrito, pero ante los hechos, intento por este medio asimilar la experiencia, compartir lo que aprendí y explicar algunas de las cosas por las que pasamos las víctimas del secuestro.

Reconociéndome, antes que nada, como víctima, pero también como sobreviviente, quiero pedirles que comprendan por mis palabras a cientos de personas que han transitado lo mismo. Por todos ellos, los muertos, los mutilados, los niños que han perdido su infancia, los violados, los que han perdido la fe, los que en este momento están secuestrados y los que lamentablemente lo serán.

Por ellos y por mí estoy ante ustedes ofreciendo mi historia, con el alma al descubierto.

Gracias.

Clasificación del secuestro en fases

Fase primera. Momento de la captura y de la notificación del secuestro.

Fase segunda. Etapa de "adaptación" y del proceso de negociación.

Fase tercera. Liberación o desenlace. Las posibilidades son múltiples: pago por la liberación, fuga, rescate, liberación por presión, canje o muerte en cautiverio, o muerte de la víctima después del pago.

Fase cuarta. Reencuentro familiar. Es una etapa difícil de adaptación y ajuste.

Fase quinta. Trabajo para la superación del trauma. Se presentan grandes cambios emocionales, afectivos, laborales y económicos.

FASE PRIMERA

Captura y noticia del secuestro

Es un gran privilegio haber vivido una vida difícil.

Indira Gandhi

22 de septiembre de 2002: el día del secuestro

El destino nunca deja de atraparnos. Parece ser la voluntad divina y jamás podemos escapar de su camino. Así, en un sendero trazado, asisto a él.

El dolor de mi cadera aumenta; recostada en mi cama decido no ir al teatro. Mi hermana, Laura Zapata, actúa en la obra *La casa de Bernarda Alba* y me invita a la función de las 6:30 de la tarde de aquel domingo 22 de septiembre. No, no, me siento mal, no quiero ir... Una llamada de mis compadres es el preludio del rayo que caerá sobre mí:

—Titi —me dicen, llamándome con cariño por mi apodo. —Ya estamos listos, ¿nos vemos en el teatro?

Con verdadero esfuerzo tomo esa decisión que, sin saberlo, cambiará mi vida: contesto con un incierto "sí".

Me levanto de la cama con el dolor cada vez más intenso; tomo dos aspirinas y me dispongo a bañarme. ¿Nos resulta muy difícil escoger la ropa que usaremos en el día? Pues yo elijo la ropa con la que me secuestrarán. ¿Cuánta gente escoge la ropa con la que va a morir? Nunca sabemos si con ese vestido verde o con esos zapatos rojos la muerte nos sorprenderá en un accidente, con un infarto o en un secuestro. A mí el secuestro me sorprende muy bien arregladita, con un traje sastre negro, botas largas y una bolsa llena de cosas que nunca utilizo.

Al terminar la función voy con mis compadres a felicitar a mi hermana, que nos invita a tomar algo en algún lugar cercano para conversar a gusto. La decisión de "con quién me voy" se da en dos segundos:

—Hermana, tú vienes conmigo y ellos que nos sigan —al subir al auto noto que la calle está muy silenciosa y oscura.

Mi hermana platica:

—Pero, dime, Titi, ¿cómo está mi personaje de Martirio?

Laura es una mujer muy intensa y tiene una gran carrera artística, es la mayor de nosotras, que somos cinco mujeres, y siempre ha trabajado duro, haciendo grandes interpretaciones tanto en películas como en telenovelas y teatro.

—Mira, estoy sorprendida de lo que ha crecido tu personaje, se aprecia más maduro y... ¡Mira a ese imbécil, en un camión de basura!

—¿A esta hora?

—¡Estos no tienen límite, han parado todo el transito! De plano se pone en medio de la calle. Sal por este carril que está libre.

Nos encontrábamos a cinco calles del teatro San Rafael, tratando de tomar el Periférico.

De pronto veo que se le cruza una camioneta blanca al pequeño auto que está enfrente de nosotras. En segundos se escucha un rechinar de llantas y otra camioneta blanca se pone a nuestro lado y una más atrás. Mis compadres quedan a tres automóviles.

De la camioneta delantera se abre una puerta y aparece un arma grande, es un rifle o un cuerno de chivo. Una figura masculina totalmente vestida de negro sale corriendo sacando el arma por la portezuela.

Siento un calambre en el estómago, y lo único que sale de mi boca es:

—¡Hermana, agáchate, se van a pelear, están armados!

Yo me agacho y mi última imagen es la de los dos sujetos de negro corriendo hacia nosotras; uno de ellos tiene el arma grande y el otro un martillo en la mano. Acto seguido escucho que la ventana del lado de mi hermana Laura es estrellada. Mi primera reacción es abrir la puerta porque pienso que lo quieren es robar el coche. Al intentar correr veo que dos hombres someten a mi hermana y la empujan violentamente a la parte trasera de su Jetta color rojo quemado. Por segundos estoy paralizada; y en instantes eternos las figuras negras vienen por mí: una de ellas rueda sobre la cajuela del coche y me toma por el brazo, mientras la otra encañona mi cabeza con una pistola. El hombre me toma de los cabellos con fuerza y me obliga a hincarme con un jalón tremendo. En ese mismo instante pone la pistola en mi cabeza y me da una serie de rápidos y dolorosos golpes con el cañón. Mis piernas dejan de responder por el pánico que empieza a apoderarse de mí, y el hombre me arrastra pensando que me estoy resistiendo, lo cierto es que mi cuerpo se ha paralizado. Me sube violentamente a la parte delantera del coche, donde dos hombres quedan a mis costados, uno de ellos manejando. Quedo en medio de ellos, estamos apretados. Mientras todo sucede en milésimas de segundos, escucho una voz llena de miedo y angustia que dice:

—Por favor, señores, no les hagan daño, son unas damas. Por favor.

—¡Cállate, pendejo, y no te muevas o te metemos un balazo! —esa voz parecía la de un anciano; meses después me enteraré de que mi compadre Fernando se atrevió a bajarse de su coche para interceder por nosotras.

Es entonces cuando se suspende el tiempo y paso a otra dimensión; pareciera que flotara y lo único que me hace regresar es mi corazón que late a mil por segundo. Me cubren el rostro. Agachada y acomodada como jamás podría estarlo. Pero en tales circunstancias mi materia se transforma en todo. Siento mi respiración cortada por el miedo. El aire me recuerda que debo respirar para que mi vida se mantenga... La adrenalina me invade el cuerpo con una sensación de adormecimiento y de calor. Me siento como si hubiera tomado alguna droga. Mi corazón se acelera, parece que desea salirse del cuerpo. La respiración es cada vez más y más pesada, como si fuera a detenerse y con esto los acontecimientos pudieran quedar suspendidos. Esto es el miedo. El miedo de verdad. "¡Tengo miedo!" me digo, y me lo repito sabiendo que el miedo es una agitación producida por la perspectiva de un mal futuro que puede causar muerte o dolor.

—Muro uno, muro uno. Adelante...

Cuando se inicia un secuestro, el automóvil con la víctima suele estar flanqueado por otros autos, que sirven como una especie de muro, evitando la interferencia de otros vehículos y abriendo camino y visibilidad para el automóvil principal.

—¿Qué pasa, pendejo? No seas cabrón, ya te dije, adelántate.

—¿Quién nos está siguiendo? ¡Dispárale, dispárale, dale una ráfaga!

Se escucha un disparo y de pronto se para el Jetta color rojo quemado de mi hermana Laura y nos sacan con la cabeza cubierta, pero puedo ver que estamos delante de un callejón muy oscuro y que no muy lejos hay un grupo de gente comprando tamales. Nos suben a una camioneta blanca; ponen a mi hermana en la cajuela y a mí me avientan en el asiento trasero.

Por el radio un tipo le avisa al que va de copiloto:

—Ya nadie nos sigue, traté de descargar la metralleta pero estos hijos de puta tenían a Dios de su parte porque se me trabó el arma y sólo salió un disparo.

Mi hermana en la cajuela, y yo en la parte trasera del auto, somos pedazos de carne; llenas de adrenalina, con miedo a la muerte, sintiendo que cortan el flujo de nuestra energía con tijeras. Mi pie queda aplastado entre la puerta y el asiento de uno de los hombres, que se recuesta para no estar visible. Me duele el pie y no puedo moverlo; pronto comienza a entumecerse como parte del caos que son las sensaciones de mi cuerpo: la garganta seca, el corazón desbordándose, mis esfínteres sin control, y la respiración... la respiración cada vez más y más pesada.

Una mano fuerte se posa en mi cabeza:

—No te preocupes, todo está bien.

—Muro dos, acércate, cabrón. Te digo que te acerques, pendejo, están dejando entradas.

"Dios mío", pienso, "¿a dónde nos llevan?" De pronto, suena mi celular; sé que es mi hijita para preguntar: "¿Dónde estás, mamá?"

—Dame acá esa pendejada... Alguien nos siguió, ¿quién era?

—No sé, señor.

—Tú cállate.

Le entrego la bolsa. Creyendo que se trata de un robo le digo que sólo tengo mil pesos.

—Mil pesos —se ríe—. Dámela y cállate.

Así seguimos durante unos cincuenta minutos sin saber a dónde nos llevan. Entonces comienzo a entender el significado de eso que llamamos con tanta ligereza "la eternidad".

Mi primera reacción es de desconcierto total. La sorpresa es amiga de los secuestradores y la enemiga número uno de las víctimas. Tengo miedo de morir, están armados. Me han puesto una pistola en la cabeza en el momento de la caza. "Esto no me puede estar pasando", me digo, porque es como una película absurda. El tiempo está suspendido... Siento que vuelo o que estoy en el aire.

"Ernestina", me digo de nuevo, "no hables, no llores, no digas nada, tranquila, todo está bien, tranquila, el infinito tiene fin..."

El miedo afecta el alma y la acompaña de dolor, y este dolor es el que nos avisa del valor de nuestra vida, y mientras me doy cuenta racionalmente de lo que me está pasando, este dolor sirve como aviso, físico y espiritual, de la situación desfavorable en la que me encuentro, poniéndome en alerta para utilizar todos los medios a mi alcance. Platón dice que "el dolor se produce cuando la proporción o la armonía de los elementos que componen al ser vivo es amenazada o comprometida". Yo siento que lo que me duele es ser alejada violentamente de mi condición natural; todo esto va contra mis deseos de vivir.

Entonces llegamos. Escucho puertas que se abren.

—Tranquilas, tranquilas; calladitas y nos siguen. No se les ocurra destaparse porque tendríamos problemas. Ok, tranquilas. Agacha la cabeza —me dice uno de los hombres mientras me toma del brazo.

Cubierta como estoy por la chamarra sólo puedo ver el piso; pequeños escalones en forma de semicírculos. Subo doce escalones con dificultad. Me meten en un cuarto muy oscuro y me sientan en una cama, frente a la pared. A mi hermana la sientan junto a mí y por un instante nos tomamos de la mano; así empezamos a absorber el impacto total del terror que empezamos a vivir. De pronto, escucho una voz que nunca voy a olvidar. Una voz fingida, con sonidos muy agudos, parecidos a los de un extraterrestre de película, nos anuncia:

—¿Saben lo que les pasó? ¡Esto! ¡Esto es un secuestro!

Mi hermana y yo nos apretamos las manos. Se nos sale el alma. Es un balde de agua helada que nos paraliza horriblemente.

—Esto no es personal. Están secuestradas por el dinero de tu cuñado y queremos cinco millones de dólares.

Para clarificar, están hablando de mi hermana menor que llamaré "la Bella", como ellos le llaman. Mi hermana menor está casada con un prominente hombre de negocios de origen italoamericano y viven juntos en Estados Unidos. Los secuestradores piensan que por el simple hecho de ser sus cuñadas, él pagará nuestro rescate.

Mi hermana Laura contestó que no teníamos ese dinero.

—Quiero el teléfono de tu famosa hermana, la rica, la bella.

Laura contesta que ella no lo sabe, pero yo les digo:

—Sáquenlo de la memoria del celular.

No saben cómo hacerlo y me lo dan, obligándome a agacharme en el piso. Activo mi teléfono, pero ya está roto. Se alejan con él y regresan furiosos. Otra voz dice, refiriéndose de nuevo a mi hermana menor:

—Ya hablamos con la bella, pero pensó que era una broma y colgó. Otro teléfono, rápido, díganme otro. ¿Dónde vives? ¿Cuántos hijos tienes? ¿Cómo se llaman? ¿Quién es tu marido? ¿Cuántos años tienes?

Mi hermana estalla y empieza a gritarles:

—¿Por qué nos hacen esto? ¡Nosotras somos mujeres trabajadoras, somos madres, nos partimos el lomo luchando para salir adelante, y ustedes nos hacen estas chingaderas. No se vale!

La voz del extraterrestre es la del que voy a llamar "el Enano", porque los otros lo llaman así. Es una voz chillona y la distorsiona con un aparato o tragándose las palabras. En todo caso para mí este tipo es el jefe, y dice:

—Oiga, señora, en ningún momento las hemos tratado con groserías, espero que usted no vuelva a decir ninguna.

Con todo, yo estoy más tranquila, y con apretones de mano le pido a mi hermana que se calme.

Otra voz ronca interviene:

—Están muy asustadas, les voy a dar una copita, esto les caerá bien.

Parece que por fin se comunican con alguno de nuestros familiares. La primera llamada la recibe mi sobrino, el hijo mayor de mi hermana. Pobre chiquito, ¿qué habrá sentido al oír toda esa información, solo y sin saber qué hacer? Lo obligan a hablarle a su tía y decirle que es verdad y que no les cuelgue otra vez porque puede haber represalias.

Nos dan mezcal que, para ser franca, a mí me ayuda a tranquilizarme.

El Enano entra nuevamente y dice:

—Oiga, Laurita, ya tenemos comunicación con su exmarido y nos pide una prueba de vida. ¿Cuál es el nombre del abuelo de su exesposo?

—Jacinto —responde ella.

—Vamos a dejar ir a su amiga, ahora la ponemos en marcha y se va.

Mi hermana les contesta:

—¡No! por favor, no la dejen ir, ella no es mi amiga, es mi hermana.

Mi corazón se para en seco, cuando escucho esas palabras. Y pienso: "¿Cómo mi hermana no deja que me liberen?" Todo es tan confuso. "Ay, ay, Dios mío, apiádate de nosotras".

—¿A poco usted es hermana de Laurita y de la Bella?

—Sí, señor.

—¿Cuál es su apellido?

—Me llamo Ernestina Sodi Miranda.

—Tus apellidos son los mismos que los de la Bella.

—Sí, señor.

—Lotería, tenemos dos hermanas. ¡Por supuesto que Ernestina no se va!

Y es así que nos quedamos a vivir lo que tenemos que vivir.

Crisis inicial

Haced lo que teméis y el temor morirá.

Jiddu Krishnamurti

Respecto a la fase uno, la crisis inicial, ¿qué pasa con la familia? Los primeros instantes, las primeras horas, los primeros días después de saber que sus seres amados han desaparecido, los familiares tienen momentos de angustia, caos y desconcierto. La familia, como es lógico, emprende una búsqueda frenética y muchas veces ciega, para encontrar a su ser querido, pero en general vive en la incertidumbre hasta que llega la primera noticia, el primer contacto. Puede ser una llamada, una carta o un mensaje que anuncia el secuestro de la persona. En estos primeros momentos se entremezclan sentimientos de angustia y temor por la vida y el bienestar del ser querido, pero al mismo tiempo sienten rabia, impotencia, incertidumbre, zozobra, culpa, tristeza, desconcierto, abandono, pérdida y, por supuesto, la esperanza de recuperarlo pronto.

Los miembros de la familia pueden tener reacciones muy distintas, según sus temperamentos. Algunos logran expresar sus sentimientos de manera abierta; otros callan y no manifiestan emociones, las reprimen o se niegan a aceptar que lo que está sucediendo los afecta. Lo que sucede es que el efecto es inesperado, y de tal magnitud, que no permite reaccionar naturalmente, y los verdaderos sentimientos muchas veces se suprimen en un intento por protegerse de tanto dolor. Esto es sólo el *shock* inicial.

Conforme transcurren los días, la ausencia se siente con mayor dolor e intensidad; es imposible asimilar inmediatamente y de golpe la noticia de que el ser querido está desaparecido o secuestrado. Muchas veces los familiares no saben cómo actuar; reciben múltiples sugerencias de amigos, conocidos o de personas que han pasado por lo mismo. Pero como cada caso es único, resulta muy difícil llegar a una decisión sobre qué se debe hacer.

La familia tiene que aceptar el hecho y no buscar culpables. Lo más importante es centrarse en el problema y reconocerlo como un reto para regresar con vida al ser querido.

La familia

El amor es un alma que habita en dos cuerpos;
un corazón que habita en dos almas.

ARISTÓTELES

¿Y la noticia? Imaginen qué habrá pensado mi pobre madre, cuando mi cuñado, el marido norteamericano de mi hermana menor, cuyo dinero era el objetivo de mi secuestro, le llama a las seis de la mañana, estando ella en Las Vegas, Nevada, y le dice:

—Yolanda, tengo algo muy serio que decirte —mi madre se incorpora de la cama y responde:

—¿Qué paso? Dime.

—Tus hijas, Laura y Ernestina, iban en el coche y…

—¿Se mataron? —pregunta, y empieza a gritar como loca.

—No, Yolanda, no se mataron, tus hijas están secuestradas.

—¿Secuestradas? Pásame a mi hija.

—No, Yolanda, ella no te puede contestar. Ahora está con calmantes porque ha tenido un ataque de pánico y el doctor la sedó.

—¿Por favor, dime que no les ha pasado nada? ¿Cómo lo sabes?

—Porque ellos acaban de hablarnos y nos lo confirmó tu nieto. No sé cómo están, pero ya mandé a alguien por ti para que vengas a Nueva York. Aquí veremos qué podemos hacer.

"¿Y mis hijas?", me pregunto. Mi hija Camila, la mayor, se entera esa misma noche. Después de que nos secuestran, lo primero que hacen mis compadres es irse a mi casa y llamarle a mi exmarido; cuando llegan, mi hija nota algo raro y pregunta por mí. Ellos acongojados, le dicen:

—A tu mamá la secuestraron, con tu tía Laura.

La noticia se la dan de golpe, me imagino que es porque ellos también están en estado de *shock*. Por eso no esperan a consultar con su papá sobre la forma más adecuada de enfrentar a mi hija ante el evento. Ella se pone como loca y empieza a rasguñarse los brazos y a gritar: "¡Mamita! ¡No! ¡Mamita! ¡No!" La noticia la deja totalmente fuera de si; tanto, que consideran inyectarle un calmante. La noticia empieza a correr entre voces, porque nadie la ha podido confirmar.

Mi hijita menor, Marina, está estudiando en Francia. Yo fantaseo que cuando llame y no le conteste, le dirán que estoy en una casa de Big Brother para escritores y que voy ganando. Su papá, Fernando, habla a la escuela donde estudia y pide que no le pasen llamadas, que no la dejen mirar internet hasta que él vaya por ella y le explique todo. Inmediatamente va por ella un familiar, porque la noticia no se puede esconder y ella no puede estar sola con tanto dolor.

¿Y mis hermanas? Federica y Gabriela están trastornadas, llamándose a cada rato, tratando de entender lo que sucede; al principio pensaron que era una broma, y se preguntaron qué cosa es eso del secuestro.

Mi familia delibera sobre en qué casa se van a juntar para esperar noticias de nuestro paradero. Tienen que empezar a entender que van a recibir llamadas telefónicas de los secuestradores para comenzar a negociar el precio de nuestra vida. Por primera vez, aparte de Navidad, se empiezan a juntar los exmaridos con las excuñadas, los sobrinos, los amigos que pudieron colarse en los momentos de confusión, con los compadres y la servidumbre aterrada que trabaja en esa casa, sin saber si seguirán trabajando allí, o que será de ellos. Viendo quién podrá llevar algo de calma a esa primera casa donde todos llegan con los ojos y el alma desorbitados. Esa primera casa en la que se juntan es la mía. En ella empieza toda esta historia. ¿Pero quién piensa en la abuela? Ay, mi abuela, mi pobre abuela.

La noticia se difunde por radio:

"Parece que las hermanas de la cantante y actriz... fueron plagiadas la noche de ayer. Las víctimas son la también famosa y talentosa actriz Laura Zapata y su hermana Ernestina Sodi..."

Todos los periódicos empiezan su circulación con nuestras fotografías, haciendo todo tipo de suposiciones. Los periodistas se encuentran como sabuesos en mi casa; la empiezan a rodear y a vigilar mañana, tarde y noche. Además, todos nuestros conocidos llaman insistentemente para saber si es verdad y preguntan y preguntan. Estas llamadas tan cariñosas llegan a ser frustrantes para la familia porque pueden entorpecer las negociaciones: si los teléfonos están continuamente ocupados, mi familia no podrá hablar con los secuestradores. Mi familia, entonces, toma la decisión de cambiarse de casa y reducir el número de familiares que van a compartir el maldito secuestro, el peregrinaje a lo desconocido.

La información se corta y el silencio se extiende aún entre ellos mismos, creando una atmósfera de enojo y de miedo entre algunos. El núcleo familiar se cierra, dejando sus actividades diarias a un lado y empiezan a vivir otra realidad con la que ninguno de ellos imaginaba que tendría que enfrentar.

Se aíslan de todas las amistades y su único entorno son ellos mismos y los secuestradores. Rodeados de incertidumbre, dolor y miedo. Todos con un miedo mortal, por ellos y por nosotras.

FASE SEGUNDA

En cautiverio
Etapa de "adaptación" y el proceso de negociación

Si no tienes la libertad interior,
¿qué otra libertad esperas tener?

LEONARDO DA VINCI

Cada historia es única y cada persona enfrenta la situación de diferente manera. Por esta razón sólo haré mención de algunos momentos vividos con mi hermana durante nuestro secuestro. Como es lógico suponerlo, ella tiene su propia visión acerca de esta experiencia.

Recuerdo en especial una cosa que me dijo, y esas palabras entran en lo más profundo de mí ser.

—¿Sabes, hermana? Hemos caído en una gran desgracia. Quizá la peor desgracia de nuestras vidas.

—¿Por qué? ¿Por qué?... —pregunto—. ¿Y mis hijas? Mis hijas...

Con ese pensamiento empiezo a llorar con la tristeza más grande que jamás he sentido. Mis hijas. Me duelen más que yo, que mi hermana, que la situación y la amenaza de una posible muerte; me duelen ellas.

La primera noche es espeluznante. Es cuando comienzo a tener la impactante conciencia de estar secuestrada, en un total abandono, donde el entorno y oscuridad es de violencia, amenazas y miedo.

Información, información... Ellos quieren más información. ¿Pesadilla?, ¿sueño? ¿Lo que estoy viviendo en este momento es mentira? Entran unos, salen otros. El ruido de las armas es continuo; lo hacen para recordarnos su poder y su autoridad.

—No se acerquen a la ventana. Si lo hacen las matamos.

La ventana está a un lado de la cama, tiene barrotes y está cubierta con trapos y una cobija. El cuarto es muy pequeño, aproximadamente de cuatro metros cuadrados y totalmente a oscuras, con un baño y un closet sin puertas; hay un mueble de dos entrepaños, de madera también, con una televisión pequeña de catorce pulgadas; nos dicen que va a estar prendida mañana, tarde y noche, que no la toquemos. Me doy cuenta de que el ruido es la segunda forma de debilitar nuestras voluntades. Tanto ruido "adentro" y afuera hace confusos los pensamientos y las ideas. Y por cierto, esta táctica intimidatoria funciona, es absolutamente insoportable.

Mi cadera comienza a molestarme nuevamente; otra vez el dolor crece y crece. Es tan grande que ya no puedo caminar; hay momentos en que tengo que arrastrarme con dificultad. Ahora que lo pienso, me doy cuenta de que "ellos" me han quitado tanto mi sostén moral como el físico, debilitando mis piernas que considero mi soporte principal. Me han quitado a mis hijas, a mi familia: sin ellas, claro, no puedo caminar. Ellos me han paralizado. Pero por alguna razón, encima de todo esto, recuerdo las palabras de Ernest Hemingway: "El hombre no está hecho para la derrota. Un hombre puede ser destruido, pero nunca derrotado". Así que, adelante, Ernestina, no puedes ser derrotada.

Entra uno de los secuestradores y dice:

—Mañana las abastecemos de sus necesidades. ¿Quién de las dos está sangrando?

—Yo —contesta mi hermana.

—¿Quiere que la curemos? Traemos unas gasas y alcohol.

—No, gracias, yo me curo sola —responde.

Entramos al baño con órdenes de no cerrar la puerta. Ella se lava el pie que sangra debido a los cristales de la ventana del auto, que rompieron con un martillazo.

—¿Quiere algo más?

Alcanzo a decir:

—¿Me podría dar mis cigarros?

Me los dan inmediatamente; entre lágrimas me doy a la tarea de fumar en un rincón del baño. Un alivio maravilloso, aunque momentáneo.

Ninguna de las dos queremos dormir en la cama. Ellos ponen una cámara enfrente de la cama para vigilar todos nuestros movimientos. Pedimos permiso para dormir en el piso, entre la puerta y el baño, para así no sentirnos observadas. Uno de ellos dice:

—Estas viejas están locas, quieren dormir en el piso.

Nos dan unos cojines, dos de los cuales son de tipo oriental, negros de un lado y del otro con flores color vino. Sobre esos asquerosos cojines me acuesto. Por fin me quito la chamarra que cubre mi rostro y puedo ver dentro de esa oscuridad, con el reflejo de la televisión prendida, el techo. Hay un foco que nunca se prenderá. Luego una figura decorativa parecida a una estrella de David; molduras de yeso rodean el foco. Enfrente de mí hay un cuadro de un Cristo con los brazos abiertos, vestido con una túnica azul claro. De sus manos sale una luz y me mira con una dulce sonrisa. "Dios mío, ¿estás aquí?", me pregunto por primera vez.

Mi hermana y yo hablamos muy quietas y nos preguntamos: "¿Qué vamos a hacer?"

Desde el otro lado de la puerta seguimos escuchando las armas, los ladridos del perro, el ruido de los autos y la noche. Esa maldita noche...

A la mañana siguiente me levanto con dificultad; arrastrándome llego al baño y comienzo a vomitar. Siento una náusea inacabable por lo que estoy viviendo, por el lugar; es una sensación horrible que sube desde mi vientre. Cada quince o treinta minutos tengo que vomitar. Vomito un líquido verde.

—No sé cómo pudiste dormir —dice mi hermana.

Yo tampoco lo sé, tal vez la impresión que mi cuerpo recibió fue tan grande que se desconectó. Creo que somos de la misma sustancia de la que están hechos los sueños y nuestra breve vida está encerrada en un sueño. Según ella hasta ronqué.

Entra un sujeto:

—Me llamo Rudy. Yo las voy a atender. Díganme qué necesitan. Les daremos pants para que estén más cómodas. Aquí está el desayuno.

Fruta y jugo de naranja. Me arrastro nuevamente al baño para vomitar; es amargo, como toda la experiencia.

En algún momento le comento a mi hermana que he leído sobre algunos casos de secuestro y que esto será cuestión de mucho tiempo, quizá tres o cuatro meses. Ella me calla pidiéndome que no diga esas cosas. Pero yo sé que nuestra situación puede prolongarse, porque dentro de la poca información que tengo de los secuestros sé que es un periodo de negociaciones en el que los delincuentes intentan sacar el mayor dinero posible, presionando a la familia hasta sus límites.

Los secuestradores saben aplicar muy bien el ejercicio de estímulo-respuesta. Nos llevan la comida correcta para esos momentos: caldo de pollo y té de boldo para contrarrestar la bilis. Me tomo tres cucharadas de caldo, que para mi sorpresa está muy bueno, pero no puedo tragar más.

El día miércoles 25 de septiembre, al amanecer, hay un gran revuelo en la casa.

— Ya nos llevó la chingada —dice uno de ellos.

—¿Qué hacen esos malditos policías enfrente de la casa?

—No sé, parece que hay una redada por droga. Pero si entran yo me pongo en la puerta, tú vas y las rocías a ellas, y después sálvese el que pueda.

—¿Las mato?

—Ya te dije: sí. Las rocías y empieza la ensalada de cacahuates. A ver quién es quién.

Al escucharlos mi estómago se contrae de nuevo. Trato de controlar los latidos de mi corazón y empiezo a sentir calor. "Dios mío, que no entren, por favor. ¡Señor, que no entren! Yo no me quiero morir, y menos así." El trajín dura dos horas, en las que amenazan con separarnos.

Después alguien sentencia:

—Las tenemos que cambiar de cuarto y quizá de casa. Ésta ya está muy caliente.

—Oiga, usted no es Rudy, usted es otro —le digo.

—Yo soy Rudy —pero su voz y su presencia son diferentes.

El primer Rudy es un hombre mas pesado en sus pasos, huele a aceite viejo y su forma de hablar indica que no tiene estudios, habla como si el español se le tropezara con su lengua de origen. El Rudy 2 es un hombre más ligero, parece por la voz que es más joven, huele a jabón y es más desenvuelto, con algo de cultura. Es curioso: cuando no puedes ver, los otros sentidos se agudizan y es por ello que con el oído y el olfato puedes percibir lo que en otros tiempos jamás notarías.

A partir de ese día nosotras entendemos que hay dos Rudys; y por esa razón les llamamos Rudy y Romeo, para diferenciarlos.

Al mediodía nos cambian de cuarto, a un tercer piso. Está a oscuras, pero no tanto como el primero; de alguna manera le entraba algo de luz. La televisión sigue prendida día y noche, lo mismo la radio, a todo volumen y con música grupera. Me pregunto si no hay vecinos que se quejan del constante ruido en esa casa. Entre todo ese ruido escucho el televisor y entonces dan la noticia: "Laura Zapata y su hermana Ernestina Sodi han desaparecido. Podría tratarse de un secuestro, pero la familia no ha hecho ninguna denuncia". Se oye un chiflido fuera del cuarto y tocan a la puerta. Ya hemos aprendido que con el toque en la puerta debemos taparnos la cara con lo primero que encontremos; hoy usamos unas toallas sucias del baño.

Entran y nos advierten que cada vez que salga un noticiero cambiemos de canal; que no quieren matarnos ni maltratarnos, pero si no los obedecemos no tendrán otra alternativa. Dicen que nos van a cambiar de casa y que van a separarnos. Mi hermana llora y les pide que no lo hagan, que nos portaremos bien.

Cuando nos cambian de cuarto, el que me guía me dice que nos podemos bañar. Ha notado mi olor a sudor y a adrenalina, a miedo, encierro y a vómito. Tiene razón en decírmelo, de hecho yo misma no me aguanto ya. Me dan unos pants viejos, champú y jabón. Mi hermana pide que no nos separen y se abraza a mi cintura. Uno de ellos toma mi mano para guiarme. Qué extraña sensación me recorre: son unas manos suaves y cálidas que me guían con ternura. Encerradas en el baño, le digo a mi hermana:

—Oye, el tipo me agarró la mano y sentí mucha calidez de su parte.

—Ay, Titi, aquí ninguno tiene calidez, todos son delincuentes.

Yo sé en mi interior que ese hombre no es tan malo; es decir, no lleva sangre en las manos.

En esa primera casa nos dan el desayuno aproximadamente a las nueve de la mañana: suelen ser manzanas y cereal. De comer nos dan puchero de carne de res, caldo de pollo, espagueti a la poblana, pechuga de pollo empanizada. Y de cena, a las ocho de la noche, sincronizadas de tortilla de harina con jamón y queso. La comida tiene muy buen sazón, parece hecha en casa.

Entra uno de los secuestradores y nos dice que cuando caiga la noche nos van a cambiar de casa; nos dan unas bolsas de plástico para guardar nuestras cosas. Pero bueno, en ese lugar irreal, nuestras cosas no son más que las cremas que nos han dado, los cepillos de dientes y unas sudaderas. Cuando nos vamos a bañar nos quitan las joyas que tenemos y toda la ropa con la que fuimos secuestradas. Mi hermana guarda un hermoso anillo de ocho brillantes en su brasier, diciéndome:

—Titi, no les voy a dejar mi anillo amado a estos infelices. Me lo pondré en el brasier y nunca sabrán que lo tengo.

Más adelante, en algún momento del secuestro que ya no recuerdo, ella meterá ese anillo en un frasco de champú.

La noche se acerca y empieza el movimiento. Ir y venir de pasos y voces. El miedo de no saber si es la hora de la muerte, si seremos llevadas a otro lugar del país o si nos sacarán de la casa para arrojarnos en un baldío. No sabemos nada. Sólo nos dejamos guiar con los ojos vendados por quién sabe dónde. Nos dan dos pedazos de algodón que colocamos sobre los ojos cerrados y ellos colocan las vendas. La sensación encierra un dilema, yo no sé que preferiría; que me dejaran sin la vista para no ver ese infierno o que me cegaran para sentirme totalmente desvalida sin uno de mis cinco sentidos.

—¿Está muy apretada?

—No, señor.

—Cuando te diga que te vamos a vendar, ten siempre los algodones a la mano. ¿Entendiste?

—Sí, señor.

A veces nos hablan de tú y otras de usted.

—Señora Laura, venga con nosotros.

Ella empieza a temblar y me toma de las manos; nos separan, dejándome con un vació en el estómago. Es la primera separación de las hermanas de sangre, de las almas dolidas, de las madres sin sus hijos, de las confidentes que, aterradas ante

las circunstancias hablan solamente de la vida, por el sentimiento de muerte que nos recorre la mente y el alma.

Primero bajan a mi hermana y la acomodan en la parte
trasera de una camioneta sin asientos; después me acomodan
junto a ella. Nos ordenan no movernos, no hablar, no hacer
nada. Nos cubren con varias cobijas. Mi hermana y yo sólo
nos comunicamos tocándonos con los pies. Temblamos. Esta
vivencia es de lo que más trabajo me ha costado superar: vendada, encajuelada, las cobijas encima y la amenaza de muerte
como compañía.

Llegamos a la segunda casa. Al igual que el otro cuarto este
se encuentra en un segundo piso. Es un poco más grande, con
un baño y con un closet abierto. La ventana tiene barrotes y
también está cubierta. Hay una cama *king size* y, a partir de
ahora, dos almas arrancadas de su mundo.

La convivencia

*Hay dos cosas que ponen al hombre en
acción: el miedo y el interés propio.*

NAPOLEÓN BONAPARTE

Empieza la convivencia con los secuestradores.

El secuestro es el acto por el que se priva de la libertad de forma ilegal a una persona o a un grupo de personas, normalmente durante un tiempo determinado, y con el objetivo de conseguir un rescate u obtener cualquier tipo de rédito político o mediático. Las personas que lo llevan a cabo se conocen como secuestradores.

Etimológicamente hablando, la palabra secuestro tiene su origen en el vocablo latino *sequestrare*, que significa "apoderarse de una persona para exigir rescate, o encerrar a una persona ilegalmente". Además, se conoció en la antigüedad con la denominación de "plagio", término que se refiere a una "red de pescar".[1]

El secuestro constituye una violación a los derechos humanos, que atenta contra la libertad, integridad y tranquilidad de las familias víctimas del delito. Igualmente, es una violación a los artículos 1, 3, 5 y 9 de la Declaración Universal de los Derechos Humanos, adoptada y proclamada por la Asamblea General de las Naciones Unidas en su resolución 217ª (III), del 10 de diciembre de 1948, que rige actualmente. Por lo tanto, el secuestro no sólo afecta a la víctima sino a los miembros de la familia en general, ya que éstos son sometidos a lo que los psicólogos que

---

[1] Martha Lucía Aristizábal, *Cómo sobrevivir al secuestro*, Ed. Intermedio, Santa Fe Bogotá, 2000.

trabajan el duelo denominan el proceso de la "muerte suspendida", que es la angustia que caracteriza al secuestro, y que se suma a lo que los juristas llaman la "pérdida de libertad".[2]

Los secuestradores siguen los movimientos cotidianos de sus víctimas durante días, con la finalidad de conocer sus rutas de tránsito y horarios habituales para así lograr con mayor éxito su empresa delictiva. El momento en que se lleva a cabo el rapto de la víctima es, en el 90 por ciento de los casos, cuando transita a bordo de su vehículo por algún lugar despoblado o de poca confluencia de personas, así como al salir de su domicilio o al momento de llegar al mismo. Cuando es una banda bien organizada la que comete éste tipo de delito, se organizan en células; es decir, algunos sujetos se encargan de realizar las negociaciones telefónicas con los familiares de la víctima para exigir el pago del rescate, otros se encargan de alimentar y vigilar a la víctima durante el tiempo que dure el cautiverio, y otros intervienen al someterla al momento de interceptarla y trasladarla al lugar donde se mantendrá oculta, el cual en ocasiones es cambiado para confundir a las autoridades en caso de que se haya denunciado el hecho.

Se distinguen las siguientes células o subgrupos:

INICIADOR: es la persona que facilita los contactos y consigue el vehículo robado, la casa donde se encierra a la víctima y las armas; también penetra en el círculo social del afectado para conseguir información.

LAVAPERRO: es la persona encargada de interceptar o "levantar" a la víctima, movilizarla y entregarla para custodia. En un secuestro suele haber varios de estos elementos. En el mundo de los secuestros se conocen como los desechables, porque poco les importa su propia vida o la del secuestrado.

---

[2] *Ibidem.*

Custodio: tiene la tarea de cuidar al secuestrado durante su cautiverio. Son generalmente tres personas, pero esto varía según la banda; entre ellos hay mujeres que se encargan de alimentar a la víctima. Adicionalmente, son los encargados de ayudar a construir la prueba de supervivencia del secuestrado cuando la familia quiere saber si está vivo o muerto. Por medio de intimidación y amenazas obligan a la víctima a responder ciertas preguntas, escribir cartas o hacer videos donde se demuestre que están vivos. El custodio tiene que atender las necesidades de la víctima para evitar que se hunda en el camino a mitad del secuestro.

Negociador: su tarea es ponerse en contacto con la familia del secuestrado, presionarla psicológicamente, organizar los procedimientos de entrega del rescate, etcétera. Por lo general, estos tipos son los de mayor jerarquía en la banda.

La negociación de secuestros

Normalmente, a una familia inmersa en el trance de rescatar a un ser querido le toca pasar por esta fase. El primer paso es verificar y obligar al negociador de los captores a que demuestre si realmente tiene en su poder a la víctima y si ésta se encuentra con vida. Esto último es imprescindible porque existen casos en que dos grupos distintos reclaman tener a los mismos secuestrados. Una forma común de verificarlo es mediante una fotografía de la víctima con un periódico o una revista actual o a través de una pregunta que la familia sabe, sin duda, que sólo la víctima puede contestar. Esto se hace para asegurarse que los secuestradores no han hecho una serie de pruebas anteriores para hacer creer que la víctima está viva.

El segundo paso obligado es escuchar lo que pide el negociador. Algunas familias han tomado la decisión de no negociar y suplican a los secuestradores que suelten con vida a la víctima, pues no hay nada qué hacer. La mayoría de la gente opta por ceder un bien material considerable, por lo que esta táctica propicia la generalización del crimen; pero también puede ser la única manera de salvar la vida del secuestrado.

Esta oferta es como un seguro de vida para la víctima, pues demuestra a los captores que la familia está dispuesta a pagar por el rescate y les obliga a mantener a la víctima con vida, hecho que puede ser dudoso si los criminales creen que no se pagará nada. Normalmente los captores piden cifras astronómicas para tener una amplia zona de regateo.

El negociador del lado de la familia trata de demostrar que la suma de dinero que están pidiendo es difícil de conseguir, pero que se hará un esfuerzo muy grande por obtenerla.

En nuestro caso, mi familia eligió perfectamente bien. Fueron a presentar la denuncia a la Procuraduría General de la Republica. Y fue ahí donde se encontraron con el grupo antisecuestro, la Agencia Federal de Investigación (AFI), y la Subprocuraduría de Investigación Especializada en Delincuencia Organizada (SIEDO), quienes son expertos en esta problemática, educan y ayudan a los familiares a tener una buena negociación. Ellos no pueden negociar directamente pero aleccionan al familiar elegido con la forma y las cantidades de dinero. Ya conocen el mecanismo de los secuestradores y pueden entrar a su mundo con mucha facilidad.

Este es un juego muy perverso, pues los secuestradores saben que la familia está aconsejada por la AFI. Pero fingen no saberlo, y los agentes saben paso a paso cómo se deben manejar los tiempos y la forma de pensar de estos sujetos. Claro que no todos los casos son iguales, incluso han habido secuestrados que por una mala negociación terminaron en asesinato.

El tercer paso es hacer ver a los raptores que no todo lo que brilla es oro y que realmente será extremadamente difícil conseguir la suma de dinero que piden. En esta fase se busca que cedan en sus peticiones; los métodos más utilizados son la muestra de pagarés, las deudas que se tienen, los documentos que demuestren que los bienes están en una compañía y que pertenecen en parte a socios. La idea principal es convencer a los raptores que todo lo visto realmente no es propiedad del secuestrado o de sus familiares, para que los captores bajen sus cifras y cedan más fácilmente ante el regateo. Por estas razones la negociación se vuelve más larga y desgastante para los raptores; hay que comunicarles las dificultades para conseguir dinero líquido, ya que si creen que el dinero se consiguió de manera fácil, muy probablemente lo intentarán de nuevo. Sin embargo, es un equilibrio delicado que la familia debe mantener, porque una negociación muy larga puede perjudicar a la víctima física y mentalmente.

A lo largo del proceso se deben pedir pruebas continuas de que la víctima sigue con vida. Los negociadores más aptos consiguen un ambiente de confianza con los secuestradores, para que se vean como amigos resolviendo un problema. Esta táctica muchas veces sirve para que los captores no cambien de negociador, cosa que tiende a dificultar el proceso y a derribar muchos de los acuerdos ya logrados.

Un factor que vale la pena considerar es la relación con las autoridades. En nuestro caso, el denunciar en la AFI fue lo correcto.

Muchas familias han preferido no denunciar, pero por medio de este libro quisiera expresar que es necesario tener una *cultura de la denuncia*. Porque si no hay denuncia, no hay delito que perseguir.

La primera noche en la segunda casa es más incierta que las otras. Estamos inquietas por el continuo cortar cartucho de las armas y por el sonido de balas cayendo al piso; además, se escucha que algunos aspiran fuertemente por la nariz y después estornudan.

—Ya no hay polvo —dice uno.

—Ay, hermana, estos se drogan. Mira, hay balazos en la pared. ¿Ya viste la alfombra? Es sangre lavada. Yo creo que aquí mataron a alguien.

Empiezo a enloquecer con cada cosa que mi hermana dice. Con mucho esfuerzo pongo un alto en mi mente, y me digo: "No puedes tener pensamientos negativos. Tienes que ser positiva para sobrevivir".

Cuando uno está secuestrado todo conspira para agudizar los sentidos. Los ruidos de la casa de seguridad se vuelven parte de la respiración. Entre las seis y las siete de la mañana se escucha un vendedor gritando: "¡Gas, gas!", y también escucho cada vez que pasa un señor vendiendo cuarenta naranjas por diez pesos. Oigo el canto de los pájaros. Rudy entra y sube el volumen de la televisión muy alto. Al mismo tiempo, afuera prenden la radio con música de Alejandro Fernández y de banda. Generalmente la música es ranchera. Y siempre ponen la canción de "El Abandonado."

Por primera vez apagan el televisor. La noche se nos viene encima, negra, como nuestro ánimo. Al poco rato, ruidos estremecedores nos hacen mirar al techo: son perros arrastrando sus cadenas mientras corren por la azotea. Mis resortes de defensa actúan de inmediato, me desconectan físicamente para que pueda descansar, pero mi inconsciente sigue alerta. Yo duermo del lado de la puerta, y a pesar de mis esfuerzos por controlar el miedo, no puedo dejar de pensar que pueden abrirla en cualquier momento y que el primer disparo será para mí. Ellos vigilan afuera del cuarto; incluso uno duerme atravesado frente a la puerta. Nos damos cuenta de que al principio ellos tampoco duermen, pero con el paso de los días algunos hasta roncan y eso tampoco nos deja dormir.

—Buenos días —nos dice Rudy. Después de encender el televisor se pone a limpiar y a barrer el cuarto.

—Qué feo huele aquí, está muy húmedo —dice mientras abre una ventana; es el único momento del día en que entra aire fresco, aunque no podemos disfrutarlo porque debemos cubrirnos con una colcha gruesa.

—Les traje fruta y jugos, ¿qué más necesitan?

Días atrás me habían dado Lonol, una pomada desinflamante, y un antiácido Melox para mi hermana. El Lonol me ha ayudado a disminuir el dolor de mi cadera y a evitar el principio de una extraña parálisis facial.

—Hermana, ¿qué tienes en la cara?

No hay un espejo en toda la habitación, el único que tengo son los ojos de ella. Me toca la cara y de repente noto un cosquilleo y muy poca sensibilidad, y siento que no me responde la parte derecha de mi boca. Me asusto porque no puedo mover la ceja y al tocar parte de mi nariz no tiene sensibilidad. Pero inmediatamente me rebelo:

—A mí no me pasa nada. Yo soy parte de Dios y mi espíritu es fuerte. Yo no tengo nada. No estoy enferma y mi cara es normal.

Como sé que Dios me ve como una vencedora, no puedo permitir que mi cuerpo no responda a mi voluntad, así que no me dejo caer.

Me pongo el Lonol y me doy masajes para que se alivie esa parte de mi cuerpo que se ha debilitado. Poco a poco, y sin perder la fe y la voluntad, puedo caminar con dificultad y "levantar" la mitad de mi cara para ponerla en su lugar y sentirla un poco. Para apaciguar mi ansiedad de que todo está controlado, le pregunto a Laura.

—Hermanita, ¿ya está bien?

—No, tu ojo todavía está caído.

—Es lo único que me faltaba, que en estos momentos me diera una parálisis facial. ¡No me dejaré, no y no...!

La convivencia se establece tarde o temprano. El tiempo y el encierro nos van llevando a adaptarnos a las difíciles circunstancias del secuestro. En mi recreación de los secuestradores es necesario darles forma, ponerles edad, estatura, imaginarles una apariencia. "Son seres humanos igual que yo", me digo. Hago esto para no volverme loca; si no lo hago será como estar tratando con fantasmas. La imaginación me lleva a lugares que nunca habría imaginado ni descubierto. ¿Cómo ponerle forma a alguien con sólo escuchar su voz? Pero no solamente es eso; es descubrir sus almas desgastadas por el mal, insensibles ante el dolor del otro, sin remordimientos ni temor de Dios.

La banda está compuesta por muchos individuos, pero los que puedo atrapar con mis sentidos son los siguientes:

• *El Enano.* Es para mí el responsable de esta banda. Al decir el responsable, hablo del que dirige únicamente esa parte de la célula. En el secuestro, aprendo que la célula es la palabra usada para definir todas las distintas partes que conforman un grupo de la delincuencia organizada. Este ente es realmente malvado, lo percibo de corta estatura y de unos cincuenta años o más. Nunca se queda a dormir en la casa de seguridad, pero viene a pasar lista cada tercer día. Todas sus visitas me traen siempre terror y angustia. El Enano nos maltrata, grita y da órdenes: que no me den de comer, que me peguen o me asusten. Un hombre lleno de rencor, odio e ira que quiere hacerle pagar a cualquiera que esté cerca todo el sufrimiento que seguramente ha vivido.

• *El Norteño.* De más jerarquía que el Enano. Solamente ha venido a la casa de seguridad una vez. Todos le tememos. Él controla a todos los miembros, quienes deben pasarle informes del movimiento de la casa. Es un hombre de aproximadamente cuarenta y cinco años, y su energía es más negra que la del Enano. Pueden olerse las muertes que lleva cargando. Me da la impresión, por su plática, de que tiene relación con los policías y los exfuncionarios que tienen todavía poder en nuestro país. Estoy segura que este tipo está metido en el narcotráfico.

• *Rudy.* Hombre joven, de unos veinticinco años. Delgado, correoso. Algunas veces puedo ver sus manos: son huesudas, morenas y curtidas. Un día confiesa que es familiar de Daniel Arizmendi, uno de los más grandes y sanguinarios secuestradores, llamado el "Mocha orejas" porque a todas sus víctimas las mutilaba cortándoles las orejas. Rudy es el cuidador y su función es traernos la comida, cuidarnos y limpiar el cuarto todos los días. Afirma que la segunda casa de seguridad es suya. Terriblemente inteligente y astuto, es un adicto a la marihuana.

• *Romeo.* Hombre joven de unos veintiséis años, fuerte y, según él, de ojos verdes y grandes. Cuando logro asomarme un poco debajo de la cobija veo sus zapatos: son elegantes y me imagino que está bien vestido. Me cuenta que compra su ropa en Zara. De sentimientos un poco más nobles que los demás, también es el más esquizofrénico, perturbado, violento, impredecible y psicológicamente volátil del grupo. Su función es conseguir el dinero para darnos de comer en la casa de seguridad y proveer el gas, la luz, los teléfonos. No siempre se queda a dormir; va y viene.

• *Pancho.* Hombre de treinta y cinco años quizá. Grande y corpulento, dice estar casado y tener dos hijos. Platica ser el dueño de la primera casa, donde efectivamente vemos cosas y juguetes de niños. Tiene una voz muy ronca. Alcohólico en activo. Toma todos los días; los fines de semana lo puedo escuchar vomitando y quejándose de la cruda. Él siempre nos ofrece alcohol. Su función es cuidar al cuidador y a los gatilleros y, de vez en cuando, hace las llamadas a nuestros familiares.

• *Cuquito.* Un joven no mayor de quince años. Habla muy poco y su función es de gatillero. Una vez choco con él por estar vendada y le pregunto quién es: me dice que le llame Cuquito. Él a mí me dice con más frecuencia Sodi.

Hay otro con el que nunca hablo pero sé que está ahí. De vez en cuando se escuchan voces de mujeres, pero nunca se acerca ninguna.

Creo que el Enano es el papá de Pancho. Pancho y Romeo son amigos, se conocieron robando coches; Pancho invitó a trabajar a Romeo. Ellos nos comentan que entre los secuestradores no hay amistad, que entre ellos no saben sus verdaderos nombres y mucho menos sus domicilios. Que se manejan como células. Y existen muchas células dentro de la delincuencia organizada. Los que negocian no conocen a los que cuidan y los que "levantan" la víctima no saben nada de los otros. Todos tienen un teléfono celular que utilizan exclusivamente para el secuestro, y se llaman por apodos sin saber realmente quién encabeza el negocio. Hay reglas que no se pueden romper porque equivocarse les puede costar la vida, y no solamente la de ellos; saben perfectamente bien que, si algo sucede, sus jefes se irán contra sus familias sin dejar a ningún miembro vivo. Cada célula tiene una función, pero existe una gran cabeza a quien nadie conoce que tiene toda la fuerza de mando y decisión. Creo que ese hombre está absolutamente dentro de la policía o es un funcionario público. Esto lo digo porque siempre repiten que ellos están protegidos por los buenos y que si nosotras supiéramos quienes de nuestros gobernantes están involucrados nos asustaríamos. Dentro de su pequeña célula nuestros secuestradores se respetan, se llevan bien, a excepción de los casos extremos de crisis que vivimos.

Al cuidador lo llamo Rudy; él se hace llamar de esa forma. Es áspero, correoso, joven e inculto, aunque, como ya dije, también es muy astuto y desconfiado. Me lo imagino muy moreno y de pelo lacio, con mirada de águila. Se droga tres o cuatro veces al día. También droga a los perros doberman que tienen arriba.

—Esos perros salvajes se llaman Godzilla y Kikón, y los

tenemos por si pretenden escaparse, ellos no las dejarán vivas. En el día duermen porque cada que fumo marihuana les echo el humo y se ponen bien grifos, pero en la noche quieren droga y no les doy para que estén bien enojados y puedan matar. Además, esta casa es como un búnker, está toda enrejada y llena de armas. Tenemos pólvora, pistolas, AK 47, rifles y granadas. Si llegara a venir la policía y nos cercaran, nosotros abriríamos una granada y todos, incluyéndolas a ustedes, volaríamos, porque preferimos morir que ir a la cárcel.

Esta información nos pone en un estado de pánico permanente, por eso una tarde que escuchamos un helicóptero volando cerca lloramos y le pedimos a Dios que no nos encuentren. Por irónico que parezca, el mayor miedo que tenemos es que la policía venga por nosotras.

—No lloren, eso nos pone muy nerviosos y podemos perder la paciencia —nos dicen.

Otro derecho que nos quitan: llorar. Llorar es la manera en que nuestro cuerpo asimila y saca la tristeza del alma. ¿Qué pasa dentro de nuestra máquina perfecta, que al sentir desasosiego producimos un líquido salado que debe ser expulsado por nuestros ojos sin control? ¿Por qué salado? ¿Contiene el sabor del dolor?

Rudy es el menos importante de la banda, el más mal pagado, según dice. Llega a la habitación y pone caricaturas en el televisor a todo volumen, como siempre. Nosotras permanecemos tapadas con la colcha y el sujeto se sienta a nuestros pies, riéndose y hablando durante horas.

—Si esa cama hablara contaría muchas historias. Yo me enamoré de la Princesita". Oiga, Sodi, ¿y si usted escribe la historia? Porque usted es escritora, ¿no? ¿Escribiría la mía?

— Sí —respondí.

—Pues le cuento que me enamoré de una secuestrada y solamente eso me mantiene vivo. Ella tenía la voz como las muñequitas de *Las chicas súper poderosas*, la más chillona, la güerita de las muñequitas. Pero ella no era güerita, la Princesita era castaña, muy flaquita, pero muy bella. Se sentía sola y muy desprotegida y yo me quedaba mucho tiempo con ella. Un día le vendé los ojos y le di un beso.

—No, eso no es verdad —le digo. Me parece increíble que eso hubiera ocurrido.

—Sí, sí, es verdad. No pasó nada. Pero mi Princesita es la que me hace vivir. Yo ya no quiero seguir en esto. Si yo escribiera un libro lo llamaría *El canto del pájaro*. Primero, porque quiero volar como un pájaro, y después, porque quiero decir todo lo que me quema por dentro. A mí me gusta mucho la música, porque en cada canción se queda una experiencia de vida. Cuando escucho algo que me recuerda a mi infancia siento que esa vibración de mi vida se quedó atrapada ahí. En toda la música está la vida de todos... Bueno, ya me voy.

Rudy se aleja cojeando, con esos pasos inconfundibles que son solamente de él. Y mientras se marcha se escucha un gran suspiro, el de un hombre que dentro de todo era eso: un ser humano algo sensible.

Después de que me liberaron llegué a conocer a la Princesita, y ahora cuento con su hermosa amistad. Los agentes de la AFI hicieron un buen trabajo y con mi denuncia y la descripción detallada de todos los acontecimientos, ellos me informaron que sí existía una muchacha que en su declaración dijo que un secuestrador le decía la Princesita. Los agentes decidieron que ella y yo nos deberíamos conocer porque nuestras descripciones del cuarto, los ruidos, la comida y, sobre todo, de los secuestradores, eran exactamente iguales. Una tarde, entonces, llegó la Princesita a mi casa y, sin conocernos, nos abrazamos y lloramos por muchas horas; y después de ese abrazo eterno, nos separamos y nos vimos a los ojos: en ese instante la amistad floreció entre las dos.

Una tarde le digo a mi hermana:

—Hermana, báñate, ¡por favor! ¡Eso te hará bien, tienes que darte fuerzas! ya bastante tenemos con los olores de este cuarto para que nosotras también contribuyamos.

Así que mi hermana se baña después de mí. Estamos acabando de vestirnos cuando tocan a la puerta; ella y yo nos vamos a la cama y nos tapamos con la colcha. Entran todos. Están muy nerviosos porque ha llegado el jefe de la banda, el que se hace llamar el Norteño.

—Bueno, siéntense mirando a la pared con la colcha puesta.

Nos sentamos al borde de la cama, con nuestras piernas apretadas entre la cama y la pared, la colcha tapándonos el cuerpo y la adrenalina, esa maldita adrenalina que hace que el cuerpo se sienta caliente y el corazón se desboque. Esta sensación es cotidiana y siempre tiene un por qué para despertar. Mis sentidos se agudizan cada vez más; ahora siento que este hombre es el asesino más grande que en mi vida me ha tocado encontrar.

—Con que esas tenemos —nos dice.

El tipo se acuesta de un salto sobre la cama y quedamos dos bultos viendo a la pared y un gran cuerpo a poca distancia de nuestras caderas, estamos casi tocándonos.

—¡Àh! Me han dicho que se portan bien, que no dan lata. Y tú, Laurita ¿Por qué lloras tanto? ¡Te estoy hablando, contéstame!

—Sí, señor.

—Pues dime, ¿por qué lloras?

—Por mis hijos, señor.

—Por mis hijos... Mi padre nunca pensó en nosotros. Él era de la Judicial, de los más fuertes, y siempre llevaba pistola. Hey, muchachos, salgan del cuarto que hoy estoy de buenas y quiero platicar... Maldito viejo, era un cabrón con mi santa madre. Siempre le pegaba y no solamente a ella, una vez me rompió una silla en la espalda. Pinche viejo, ¡lo odio! ¡Me desgració la espalda! Siempre se emborrachaba y nos humillaba con palabras y con golpes. Cuando se ponía así nos amenazaba con la pistola y nos la ponía en la cabeza o en las piernas. Somos diez hermanos, y cuatro nos dedicamos a este tipo de negocios y a otros más.

Mientras el hombre habla y habla, mi hermana y yo sudamos como nunca, cubiertas por la colcha.

—Una vez el viejo torturó a mi hermano pequeño. Cuando estaba por matarlo salí en su defensa y por primera vez mi padre y yo nos enfrentamos como dos hombres. Eso se siente muy gacho, porque siempre uno como hijo tiene que respetar a sus padres. Pero si no le pegaba mataba a mi hermano, que es mi consentido. Pobre, mi santa madre no tiene idea de los hijos que parió. Dos ya están en las manos de Dios. Uno en la cárcel y nosotros haciendo de esta vida puro placer… ¿Sabes Laurita? Yo te he visto en la televisión y tú eres medio cabrona. ¿O no?

—No, señor, esos son mis personajes.

—No te hagas la mosca muerta, yo sé que eres muy canija, pero también sé que estás muy buena.

Mi hermana y yo nos tomamos de las manos y nos apretamos fuerte porque empezamos a sentir movimiento en la cama. Tardamos unos segundos en entender que el tipo se estaba masturbando. Luego dice:

—A ver, Laurita, qué tan sabrosa estás. Me gusta cuando las viejas son salvajes, así como tú.

La cama se mueve cada vez más y nosotras seguimos allí, esperando algo terrible, concretamente que el tipo se caliente de tal manera que se le antoje violarnos.

—Ay, que rica estás, Laurita. Sí, así, así, así… Ay, qué rico. ¡Sí, sí, sí!

Mi hermana y yo lloramos en silencio. Empapadas de sudor chorreamos agua del cuerpo y de nuestros ojos. Por fin el hombre se levanta y se limpia en la colcha, dejando con nosotras su olor nauseabundo.

—Espero que sigan portándose como hasta ahora. No sé si las vuelva a ver pero que quede claro que si no cooperan, nunca verán a sus hijos. Mejor dicho, nunca volverán a ver el sol.

El hombre salió dando un portazo y de inmediato nos destapamos. Lo que yo veo en mi hermana en estos momentos seguramente es lo que ella ve en mí: la imagen desoladora de una mujer con los cabellos empapados y la mirada demente tratando de controlarse para no volverse loca en ese cuarto que huele a humedad y a semen, tratando de sobrevivir y preguntándose de qué se trata la vida, cómo es posible que el ser humano llegue a hacer este tipo de cosas. Yo sigo allí, pensando en los mexicanos y en cómo estamos enojados desde la conquista, que fuimos sobajados. Casi todas las indígenas fueron violadas por los conquistadores, y el resultado de esas uniones fueron los nuevos mexicanos que nacieron con el rechazo de sus madres por llevar en su vientre la humillación de su cuerpo, de su espíritu... Y la historia sigue. Los conquistadores impusieron su religión, sus costumbres, y los nativos, los verdaderos dueños de todo, los indígenas, fueron los más castigados, esclavizados por los poderosos, los ricos que se adueñaron de su tierra, su pertenencia mas valiosa. Las actitudes de los criminales secuestradores son de coraje contra la vida, contra su prójimo y la sociedad. Sentada ahí me da la sensación que todo esto es parte de un odio ancestral que ha ido creciendo y cobrando forma a través de los siglos, creando verdaderos monstruos con cuerpo de hombres, con odio a sí mismos, a sus padres y, por supuesto, a la sociedad.

Más que una transacción de dinero, el secuestro es un intento de vengar las diferencias tan grandes que existen en nuestro país. México tiene muchas caras. La más amarga es la pobreza, la miseria en la que muchos de nuestros hermanos están enterrados. Y nosotros, ¿qué hacemos? Vamos al teatro los domingos, después de una gran reunión familiar donde la comida es el festín central. ¿Qué pasa con tanta gente que no tiene agua, luz, comida y ni siquiera medicamentos para sus enfermos? Así como tengo vendados los ojos, también un sector de nuestra sociedad los tiene. ¿Cuantos mexicanos se están muriendo de hambre en estos momentos? Y nosotros solamente tratamos de llevar nuestra vida sin complicaciones, pensando en nuestros problemas y fijaciones personales. Sí, podemos criticar la falta de poder en nuestros gobernantes, pero no vemos más allá de nuestras narices. Cuando vemos a una señora que despectivamente llamamos María, cargando en su rebozo a uno de sus cuatros hijos, pidiendo limosna, vemos el lado más pobre, más humilde, más indefenso de nuestro país y no lo queremos reconocer. ¡Limosna! Muy pocos sabemos qué se siente pedirla. Suplicar una limosna es un acto donde la miseria le gana a la dignidad. Y nosotros en nuestros coches vemos a esa señora de lejos y sin ninguna emoción, lo más que hacemos es darle la moneda más pequeña que tenemos, y acto seguido sonreímos pensando en la buena obra del día. ¿Cuántos hijos habrá tenido esa mujer?, ¿quizá diez? Habrán crecido en la calle, y en la calle se aprende de todo, incluso a vivir y a morir. Y cuatro de esos diez hijos serán delincuentes: habrán aprendido que en esta selva sobrevive el más fuerte. Y ¿qué decir de los niños de la calle? ¿Qué podemos esperar de la conducta de un tragafuegos? No solamente se le queman la boca y los labios: se está quemando por dentro y por fuera, y nosotros sólo vemos una pobre imagen que afea nuestro panorama. Pobre del limpiador de parabrisas que se atreve a acercarse a nuestro auto nuevo y lo ensucie. "¡Qué impertinente!", decimos. Todo por ganarse algunos pesos. Pero, ¿hemos pensado cómo puede salir esa gente del hoyo, mal vestida, mal comida, sin ninguna motivación en la vida? Por Dios, ¿qué es todo esto...? Con estos pensamientos rondándome la cabeza me duermo, si se puede decir esa palabra, con muchas lágrimas vertidas y otras guardadas, llorándole a mí adorado México.

Siempre me levanto más temprano que mi hermana. Esto la pone muy nerviosa, porque en cuanto ellos escuchan ruido vienen a vernos. La siento molesta después de que, sin saber que la haya alterado, voy al baño y al jalar la palanca el ruido hace que de inmediato Rudy toque la puerta, entre, y prenda la televisión a todo volumen. Un día ella me pide que por favor no me levante y espere a que ellos entren por sí solos, y que no le jale al baño. Esto me hace más difícil todo, porque me despierto y no me muevo. Me pongo a ver el techo; siempre veo ese foco y las molduras de yeso con colores pastel. Repaso ese maldito cuarto con un closet abierto, una ventana con barrotes cubierta por una persiana blanca que no podemos abrir y mucho menos acercarnos a ella, la puerta de entrada queda del lado donde yo duermo y un mueble pequeño está al lado de mi hermana, donde están sus estampitas de Jesús, La Virgen, y San Charbel, con una veladora que solamente prendemos cuando empieza a caer la noche. Esas son siempre las horas más pesadas del día, quizá porque desde niña, siempre que empieza a oscurecer me invade una nostalgia que con el tiempo se vuelve más grande. Cuando oigo el ruido de los carritos de camotes o el silbido del tren, empiezo a sentir un hueco en mi pecho que no se llena con nada.

La dimensión religiosa

El destino es el que baraja las cartas, pero
nosotros somos los que jugamos.

WILLIAM SHAKESPEARE

En la fase de cautiverio, las víctimas frecuentemente extraen su fuerza de la fe religiosa; es su manera de protegerse y vencer, de alguna forma, a los malignos. En mi caso, yo recurrí a Dios también, a mi Dios, el Padre protector, y gracias a él y a la fuerza de mi fervor pude salir viva y completa. Parte de mi fuerza es tener en mente la palabra de Dios:

> No temas, porque yo estoy contigo; no desmayes, porque yo soy tu Dios que te esfuerzo; siempre te ayudaré, siempre te sustentaré con la diestra de mi justicia. He aquí que todos los que se enojan contra ti serán avergonzados y confundidos; serán como nada y perecerán los que contienden contigo.

Les pedimos a nuestros captores que nos traigan veladoras, una imagen de Cristo y otra de la Virgen de Guadalupe. Nos traen una imagen con agua bendita dentro. ¿Cómo puede existir esto, este fenómeno en que el asesino, el secuestrador, el malvado, dentro de su maldad, puede ser creyente y actuar con cierta caridad espiritual? Pero es cierto, nos abastecen de nuestras necesidades religiosas para que podamos sostenernos espiritualmente.

La oscuridad de este cuarto nos estruja el alma, nos sentimos heridas por la total soledad, apenas si nos damos cuenta cuando es de día; aun así, sólo prendemos la veladora cuando sentimos caer la noche. Empezamos a rezar; poco a poco nuestras oraciones nos conducen a una especie de trance: yo muevo las manos y el cuerpo a ritmos que nunca he experimentado. Lo hacemos rodeadas de toda clase de ruidos del exterior, con la televisión y la radio en dos frecuencias distintas y a todo volumen. Pero nuestro volumen espiritual logra ser más fuerte que todos esos sonidos juntos. Con el inexplicable poder de la oración ganamos nuestro propio silencio.

Siempre he pensado en la religión o en la creencia en algo divino como la garantía sobrenatural ofrecida al hombre para su propia salvación. La religión surge del interés que tenemos los seres humanos por los hechos de la vida y, por lo tanto, de las amenazas, angustias y temores incesantes que agitan la existencia y parecen anunciar la muerte. Entre la salud y la enfermedad, entre la abundancia y la privación, los bienes que gozamos y los males que continuamente nos amenazan, atribuimos lo que vivimos a causas secretas y desconocidas. Pero el rezar nos demuestra que tenemos una conciencia de lo infinito. A través de esta experiencia, llego a entender que Dios existe.

Nuestros captores siempre nos preguntan qué deseamos; un día en especial se muestran muy serviciales: nos traen dulces y pastelitos y, lo más sorprendente, nos dicen que ese día quieren hacer una pequeña fiesta con nosotras, para cortar un poco el ambiente tan pesado, nos dicen que tenemos que relajarnos y llevar el secuestro lo más tranquilamente posible.

—Así que en la noche venimos a verlas. Y no se preocupen, no les vamos a hacer nada.

—Hermana, ¿qué vamos hacer? A mí me da miedo que vengan en la noche y se queden aquí, con nosotras. ¿Cómo que una fiesta? Es lo mas absurdo que he oído. ¿No será una trampa? Ahora resulta que son amigos, estas piltrafas humanas.

—¿Sabes? —me dice Laura—, hay que ponernos las sudaderas más grandes; tú te recoges el cabello y que no se nos vea bien la forma del cuerpo, ¿de acuerdo?

—Sí, hermanita.

En la noche llegan, ya estamos vendadas esperándolos, y ellos ponen una grabadora para que haya música. También nos traen cacahuates, papas fritas y tequila.

Pancho nos dice:

—Miren lo que traemos, tequila Cabrito, es mi preferido.

Nos sirven dos copas de tequila y nos ofrecen cigarros, que difícilmente podemos fumar porque vendadas no atinamos a la boca.

Empiezan a bromear en un tono amistoso y nos piden que nos relajemos; el Enano no está y eso me pone más tranquila y cooperativa. Los tipos nos dicen que todo va a salir bien, que no tengamos miedo. La música y la plática van alegrándose, y a mí me sirven un tequila y luego otro más. Empiezo a sentir cómo el alcohol me entra, dándome un poco de libertad por primera vez en este maldito secuestro: poco a poco siento que no tengo miedo de nada, y que quiero reírme y divertirme.

Nos preguntan cosas de nuestras vidas y ellos nos cuentan sobre las suyas. Mucha fiesta pero de ninguno de los dos lados se dice nada que pueda comprometer.

La noche sigue; en un momento dado, Rudy ya no aguanta el olor a cigarro y abre la ventana. Qué maravilla, yo estoy cerca de ella y el viento entra como ráfaga para limpiar ese cuarto de olores, dolores, encierro y borrachera. Esta es la verdadera fiesta, el aire, mi aire, nuestro aire.

—La ventana está abierta, no hagan ruido; que se escuche solamente que estamos en una reunión con música y nada más.

Después le piden a mi hermana que cante. Ella accede y en voz baja empieza a cantar la canción "Paloma querida", después canta otra. Están impresionados por su voz y cuando termina le aplauden y le dicen que tiene una hermosa voz, que debe cantar y grabar un disco. Yo sigo tomando tequila y se me olvida por qué estoy ahí. A veces es necesario tomar algún tipo de analgésico para que la realidad no sea tan maldita.

Si alguien hubiera filmado esas escenas de gran convivio entre víctimas y secuestradores, podría decir que estaba viendo una película totalmente surrealista. Todos, ese día, pretendemos estar felices.

Después de la fiesta cierran la ventana y se van dejándonos la botella. ¡Ah!, se me olvidó decir que ellos no toman nada con nosotras, alegando que están trabajando y que cuando trabajan no toman. Al final yo creo que nos han dado alcohol para simplemente sacarnos información, cosa que no lograron. Por el contrario, si de verdad lo hicieron para que nos relajáramos, lo consiguieron.

Mi hermana y yo seguimos tomando, eschuchando música y comiendo papitas y cacahuates. Llega un momento en que las dos nos miramos y sonreímos ante lo absurdo de la situación.

—Titi, ¿cómo nos pasó esto? Ay, hermanita ¿qué será de nosotras? ¡Salud! Por nuestras vidas, ¡salud!

—¡Salud!

Esa noche ella y yo lloramos, reímos, cantamos, fumamos, nos emborrachamos y nos arrastramos al baño. Seguimos nuestra pequeña fiesta a solas, con carcajadas silenciosas, pero muy contentas.

En la mañana, cuando nos despierta Rudy con el desayuno, la cruda hace su aparición. Me duele la cabeza y siento que el mundo es gris y muy pequeño. Después de tomar mucho siempre aparece una especie de culpa y depresión. ¿Cómo pude reírme y convivir con los secuestradores? Y lo peor, ¿cómo pude sentirme feliz? Dentro de la colcha mi hermana me da los buenos días y pregunta cómo me siento.

—Me siento mal, me duele la cabeza y tengo cruda.

—Titi, qué horrible huele, parece que trajeron algo muerto, ¿qué será?

—No, yo no huelo nada.

—Hermana, es tu aliento. Te estás pudriendo en vida.

Tiene razón. En este momento me estoy pudriendo en vida. Porque dentro de mí se está muriendo la fe.

Cuando Rudy se va nos deja el desayuno en el piso, junto con unas aspirinas porque todos saben que, como muchos otros secuestrados, nos hemos terminado la botella. Nada nuevo bajo el sol.

Me apresuro a lavarme los dientes con jabón, y después con un poco de pasta que nos han dejado. Creo que el asunto ha mejorado.

Tenemos la costumbre de comer los alimentos entre el closet y la televisión. Ponemos una cobija café que tenemos aquí y nos sentamos en posición de loto; acomodamos nuestra comida frente a nosotras y mi hermana la bendice frotándose las manos y poniéndolas sobre los alimentos; ella le pide a Dios que entre en nosotras con salud y agradece que hasta en esos momentos tenemos un pan para sobrevivir. A veces se suelta a llorar porque sus hijos no están comiendo con ella.

Psicológicamente, aunque estemos en un cuarto ajeno e inmundo, sabemos que debemos convertirlo en nuestra casa, apoderarnos de todos los espacios para que las cosas tengan el orden que nosotras hemos decidido.

Ese pedazo de cuarto donde ponemos la cobija es nuestro comedor y siempre comemos ahí. Algunas veces jalamos la mesa de la televisión, pero nuestro comedor es ese pedazo entre el closet y la tele. Ahí acomodamos todo y nos atrevemos incluso a pedir limones y sal para aderezar nuestra comida. Si nos quedamos con hambre ponemos limones a las tortillas con un poco de sal, y entonces estos alimentos se convierten en un excelente platillo.

Cuando están de buenas, Pancho y Romeo nos traen comida cara, del restaurante chino Hunan, o nos consienten con nieves y dulces típicamente mexicanos. Las paletas heladas son siempre deliciosas, pero cuando llegan a nuestras manos están casi derretidas, seguramente las traen de lugares lejanos.

Sin embargo, no siempre son tan generosos: algunas veces Rudy se queja de que Romeo no lleva dinero para la comida y nos tenemos que conformar con huevos y frijoles. Pero cuando hay, tenemos bastante. Claro, todo eso se nos cobrará con creces. Nada que ellos nos dan es gratis, mucho menos su gentileza o la actitud simpática que adoptan de vez en cuando porque, como tenemos que esperar mucho tiempo, es preferible estar sin tanta tensión.

En algún momento mi hermana deja de hablar. Simplemente decide no hablar. Cuando nos saludan los tipos yo les contesto siempre de buen humor, aunque me sienta fatal. Pero ella decide no hablarles. Y así pasan dos días, pero no solamente se queda muda con ellos: a mí tampoco me habla, y entonces empiezo a ponerme nerviosa.

—Hermana, por favor, no me retires el habla. Entiendo que estás encerrada en el dolor, que tienes rabia y sufrimiento pero, por favor, no me dejes de hablar porque me voy a volver loca.

Se me queda viendo un largo rato y finalmente rompe el silencio y me dice:

—Titi, vamos a hacer ejercicio —nos abrazamos. Las dos entendemos que todos los cambios de humor y de personalidad en estos momentos simplemente son parte de la experiencia espeluznante que transitamos. Ella me empieza a leer un libro; nunca entiendo de qué trata, me recita algo sobre una rana, no sé, todo me resulta confuso. Es curioso: algunos de mis recuerdos son muy nítidos, mientras que otros son borrosos, difíciles de identificar. A veces nos quedamos viendo el techo por horas, esperando quedarnos dormidas. Nos bañamos en las mañanas, después del desayuno, y vemos televisión en un canal cultural del Estado de México. Ver televisión es muy molesto porque siempre está a todo volumen. Sin embargo, con el tiempo empezamos a filtrar los sonidos de algunas noches. Cuando se está escuchando ruido todo el día, aunque parezca increíble, llega un momento en que ya no se oye.

La grabadora es negra y pequeña y la pedimos prestada para escuchar radio y poner música clásica. Si ponemos la grabadora podemos apagar el televisor, así que siempre queremos que nos la presten. Lo más curioso es que cuando la usamos mucho tiempo y ellos la quieren, nos piden que por favor les prestemos "nuestra" grabadora.

Nos permiten apagar el televisor en la noche, a la hora que queramos. Pero sabemos que apagarla significa que ha llegado la hora de dormir y no podemos hacer ningún tipo de ruido. Así que solemos esperar a realmente tener sueño para apagarla.

Es muy difícil conciliar el sueño en estas circunstancias: la adrenalina nunca se disipa del todo, y dormir en esa casa desconocida, siempre pensando que la puerta se abrirá, escuchando ruidos de todo tipo, desde los perros hasta las pisadas, no es una experiencia agradable; como tampoco lo es recostar la cabeza en una almohada donde han dormido otros secuestrados y percibir los olores impregnados en ese cojín. De verdad no es nada agradable. Y qué decir del colchón, que está hecho bolas de tan usado: quizá las bolas de otros sentimientos. Según ellos, la colcha está recién sacada de la tintorería. Generalmente me acuesto al revés, con la cabeza a los pies de mi hermana. Me gusta dormir del lado derecho, para que no se oprima mi corazón. No puedo acostarme dándole la espalda a la puerta: si llegan a darme un balazo quiero que sea de frente y viéndome a la cara. Mi hermana me ruega que yo duerma del lado de la puerta, porque a ella le da mucho miedo si ellos deciden entrar. Creo que siente que de alguna manera mi cuerpo la protege.

Esa tarde estamos mi hermana y yo rezando cuando llega Romeo. Las dos nos tapamos rápidamente.

—Hola, ¿cómo están? Las vengo a ver por que voy a estar fuera unos días, me voy a Guadalajara a ver unos asuntos. De ahí les voy a traer un rico pozole, el mejor pozole del mundo.

A este fantasma le gusta comer muy bien, ya ha dado muestras de eso y algunas veces comparte sus caprichos con nosotras. En una ocasión nos lleva unas hamburguesas hechas al carbón, nunca las he probado tan sabrosas. Cuando quiere consentirnos lleva desde comida de grandes restaurantes, hasta espagueti con chile poblano que dice haber cocinado él mismo.

—Estoy preocupado por mi familia. Ayer fui a ver a mi madre; tenía un altarcito con la foto de ustedes dos sacada de alguna revista.

—¿Cómo de alguna revista? ¿La gente sabe que nos tienen secuestradas? —pregunto.

—No, cómo crees; nada más se dijo una o dos veces en las noticias, esto está muy oculto porque no queremos que la policía se entere. Si eso sucede ustedes nunca verán otra vez el sol.

Ellos siempre nos ocultan lo que pasa en el exterior; no sabemos absolutamente nada del *shock* social que ha provocado nuestro secuestro.

—Pero, ¿qué pasó con tu mamá? —le pregunto.

—Ella me dijo: "Ay, hijo, ¡pobres mujeres! ¿Te imaginas, qué les estarán haciendo esos malditos? ¿Cómo puede existir gente así?". Y yo me enojé y le dije: "Ya, madre, déjate de esas tonterías". Cuando vi los ojos de ella mirándome con terror bajé el tono de voz y le agregué: "No, madre, te puedo asegurar que ellas están bien. Esa gente no maltrata, solamente hacen negocio y ya". "¿Cómo que no maltratan?", me dijo. "¿Te imaginas, separadas de su familia, de sus hijos, y sufriendo el encierro? A esos tipos hay que matarlos. Yo no sé cómo no hay cadena perpetua. Pero mira, ya las encargué a la Virgen de Guadalupe y les prendo su veladora para que tengan luz dentro de su oscuridad." ¿Saben?, me sentí tan mal que prometí que este es él último secuestro que hago... Y luego mi hermana está a punto de divorciarse. Creo que el puto de mi cuñado le pega. Pobre infeliz donde yo sepa que es cierto, porque no tiene idea con quién se está metiendo ni lo que le puede pasar.

—Pero, Romeo, ¿por qué estás en esto? —le pregunto. Hoy el fantasma está muy platicador e intuyo que será importante sacarle todo y oír, siempre oír lo que nos dice.

—Cuando era chico me salí de mi casa. Siempre he sido muy independiente y a mí no me gusta que me mantengan, y menos mi mamá que se había quedado viuda. Así que decidí irme y buscar fortuna para mantener a mi familia. Me fui al norte, ahí vivía un amigo de mi calle que me dijo que cuando quisiera ser hombrecito lo llamara. Y así lo hice y me invitó al norte. Ahí trabajé directamente con la Señora de los Anillos. Era el mismísimo diablo, pero sentía una debilidad especial por mí. Yo no sabía que estaba pisando terrenos pantanosos, pues fui a caer en una de las organizaciones más fuertes del narcotráfico. La Señora de los Anillos era la única sobreviviente de su familia. Ya le habían matado al padre, al esposo, a todos los hermanos, incluso a los hijos. Sólo quedaban ella y una hija de nueve años. Ella se encargaba de la mitad del cártel del norte y era una asesina. "Primero mato a que me maten", decía. Todos los meses me mandaba a Estados Unidos a traer y dejar joyería robada, pero su fijación por los anillos era tan fuerte que siempre los encargaba con las piedras que más le gustaban para que le hicieran sus anillos. Los tenía de todo tipo: grandes, pequeños, gruesos, delgados, con rubís, o con brillantes, de oro y de plata. En fin, la vieja tenía anillos de muertos y de vivos, y eso era lo único que la mantenía contenta en la vida de jefa que llevaba. Nadie podía contradecirla. Tenía un rancho enorme solamente para ella y su hija, y tenía veinte gatilleros, sin contar los francotiradores y sus muy cercanos guardaespaldas, que no la dejaban sola ni para ir al baño. A mí me utilizaba como dama de compañía. Pero nunca me dejó oír una conversación ni nada. Yo me daba cuenta del negocio porque dentro de la convivencia uno se fija. Su organización estaba perfectamente controlada y todos la obedecían. La droga nunca llegaba a sus manos. Tenía todo tan controlado que la droga llegaba directamente a la fábrica de automóviles y se las ingeniaban para ponerla dentro de las vestiduras, del tablero o en la carrocería. En fin, hay muchas formas de introducir droga en un automóvil nuevo. Un día entré a la casa sin ser llamado y me tocó escuchar que estaba harta del pendejo de Gutiérrez; le dijo a tres de sus brazos derechos que lo llevaran a comer lodo con los marranos. Eso fue lo único que escuché y me fui corriendo. Al día siguiente fui a donde estaban los marranos para ver qué quiso decir con eso y el espectáculo fue lo más horrible que he visto: estaba el cadáver de Gutiérrez cortado en cachos y los marranos dándose un festín con su cabeza. Ese día tomé mis cosas y me fui a esconder hasta el sur de México, muerto de miedo de ser encontrado por la Señora de los Anillos. Años después me regresé a la capital y me dediqué al robo de automóviles. Un día me encontré a Pancho, un amigo de la infancia, y me invitó a participar en el secuestro. Y qué diferencia, este trabajo es mucho más eficaz y sin tanto miedo. El riesgo es el mismo, porque si nos agarran sabemos que nos refundiremos en la cárcel. Pero si a mí me agarran prefiero meterme un balazo en la cabeza que terminar mis días en la cárcel... Bueno, creo que hablé de más. Pórtense bien, nos vemos en tres días.

Al salir, mi hermana y yo nos miramos a los ojos con una expresión de incredulidad y seguimos con nuestros rezos. Todos estos miserables tienen historias de abusos, espirituales y físicos. ¿Será el dolor lo que los vuelve malignos? ¿O la pobreza? No, no puede ser eso. Hay gente pobre pero honrada y de buenos sentimientos. No sé que será; el único que tiene esa respuesta es Dios.

Otra mañana, entra Rudy y enciende la televisión a todo volumen sin saludarnos. Sé que algo malo está por venir.

—Hola Rudy —le digo. Un portazo es la única respuesta a mi saludo. Nos trae de desayunar y dice:

—No se están portando bien, no queremos nada de ruidos. ¿Entendieron?

—Sí, señor —contesto. Yo siempre soy muy respetuosa y obediente con mis captores. Creo que es la táctica más inteligente porque hace que les caiga bien.

Dos horas más tarde nos quitan el televisor, y a la música del radio que está en la parte de afuera le suben de tal forma el volumen que las bocinas están a punto de estallar. Empezamos a mortificarnos y yo me suelto del estómago. Se escuchan pasos y mucho movimiento; es aterrador. De pronto entran y el Enano empieza a hablar terriblemente enojado y con fuerza. Su llegada es como una ráfaga de miedo, es como si lo hiciera crecer. Me invade por completo el miedo y lo siento en cada parte de mi ser.

—A ver, ustedes dos, véndense los ojos. ¡Ahorita! ¡Ahorita! Esto no es un juego, pinches güeritas. Ya les llegó su momento, si no se ponen a trabajar bien... Una de las dos tiene que salir. Las negociaciones se están poniendo muy feas y hemos decidido que una irá a negociar. Es la hora de la verdad, a ver quién es la que *da la vida por la otra*.

Un silencio sepulcral cae sobre nosotros, y mi corazón se empieza a agitar tanto que pienso que me va a dar un infarto. Mi hermana está a mi lado. Las dos vendadas y con la colcha encima; nuestras respiraciones son el único sonido que se oye en toda la habitación. El silencio crece al ritmo de mi pensamiento; sé que yo voy a ser la que va a dar la vida por mi hermana Laura. Entonces abro la boca:

—Yo me quedo.

—¿Estás segura?

Mi hermana no habla; sólo siento sus lágrimas rodar por esas vendas que nos aprietan los ojos y el alma.

—Sí señor, estoy segura.

Nos quitan la colcha, y ahora estamos sentadas en la cama con las piernas recogidas, cada quien abrazando las suyas como si con eso nos abrazáramos a la vida. De pronto una mano me acaricia la cabeza con mucha ternura y una voz masculina me dice:

—Es la primera vez que dentro de este negocio veo algo así. Aquí, en esta misma cama hemos visto pelearse a padres e hijos por salir, a madres e hijas, a esposos y también a hermanos. Pero esto sí que ha sido una sorpresa, no tuvimos que esperar.

Mientras dice eso me acaricia la cabeza y de pronto me toma la mano derecha, entrelazándola con la suya, que está, para mi sorpresa, muy sudorosa. Me aprieta y me la cierra contra la suya. No puedo describir mi sentimiento: sorpresa, miedo, enojo y frustración. Entonces Romeo me dice:

—Ven, tenemos que hablar. Sin soltarme de la mano me levanta y me dirige a otro cuarto, donde ellos duermen.

Me acuesta en el piso boca abajo y él se acuesta al lado mío. Esto rebasa todos mis sentimientos. El miedo se apodera de mí y no puedo articular palabra alguna.

—No tengas miedo —me dice al oído mientras empieza a acariciarme la espalda con mucha cautela. Yo me muevo, empujando con mi hombro su mano en señal de que no me gusta que me toque y él quita la mano rápidamente, ofreciéndome disculpas.

—Quiero saber si estás segura de quererte quedar en vez de tu hermana.

—Sí —respondo.

—¿Por qué?

— Porque es lo mejor.

Yo siento que Laura está muy nerviosa, más que yo incluso, y a estos tipos ya los ha empezado a alterar con sus reacciones y llantos. Además, mi hermana mayor no ha dicho nada al escuchar la pregunta; aparentemente no está preparada para dar su vida por mí, o quizá su instinto de supervivencia la ha hecho callar. Yo solamente sé que este ha sido el momento más duro y la prueba más grande que mi Dios me ha puesto en la vida. Y si hubiera muerto no me arrepentiría de tomar esta decisión, porque es lo más grande que le he dado a otro ser. Con esto quiero decir que a la persona que más he amado en esta vida se llama Laura Zapata, porque es la única persona por la que he ofrecido mi existencia.

Cuando te preguntas de qué se trata la vida, y luego la vida te pone en este tipo de camino, entiendes que tiene un sentido tu existencia. A mí la vida me ha dado la oportunidad de amar a tal grado que yo no soy importante. Lo importante es ella. Y eso es lo que venimos a aprender en esta dimensión: amarnos los unos a los otros. Como si los otros fueran Dios. Bueno, este es mi pensamiento y esta forma de sentir me llevó a este momento. El más grande de mi vida.

En el otro cuarto el Enano está interrogando a mi hermana: si ella sale, ¿qué es lo que va a hacer para conseguir el dinero? Después de muchas preguntas me llevan al cuarto y nos dejan un momento a solas.

—¿Titi?

—Sí, hermana, aquí estoy.

—Perdóname, soy muy cobarde. Perdóname.

—No te preocupes —le digo con un nudo en la garganta.

Regresan todos y el Enano pregunta:

—¿Estás segura, Laura, que si te dejo ir vas a juntar el dinero que te estoy pidiendo?

—Sí, señor, he pensado en cómo mi familia y yo podríamos conseguir el dinero que piden. Voy a ir al noticiero de Joaquín López Doriga y le diré a la gente que vamos a abrir una cuenta y que nos ayuden a juntarlo. Le pediré a mi amigo el Gordo Molina que me ayude con unos programas de televisión, además le hablaré al señor Azcárraga, uno de los dueños de Televisa, y le pediré ayuda a todos, señor, a todos les pediré.

—Pues más te vale porque tu hermana se queda en prenda, y si tú le fallas o falla tu puta familia y tus amigos, se la carga la chingada, ¿oíste?

—Sí, sí, señor.

Mientras ellos hablan, siento que los escucho desde un túnel oscuro, muy oscuro, sabiendo que en ese momento me están empujando al abismo más negro e infame que nunca imaginé conocer. Empiezo a llenarme de una sensación de orfandad temprana porque sé que ella no va a estar más conmigo, y que mis próximas vivencias serán las más inciertas que tendré en la vida, porque huelo que lo peor está por venir.

—...y quizás nunca la vuelvas a ver, y tampoco sus hijas.

—Mis hijas —digo, y empiezo a retorcerme de dolor —, mis hijas... —en ese momento Romeo me toma de la mano y me la empieza a apretar.

—No te preocupes —me dice en voz baja—, tienes que acompañarme —me levanta de la cama y yo le tomo la mano a mi hermana con todo mi amor y mi miedo. Nos separan y me jala Pancho, el de la voz ronca, ordenándome que me ponga sobre su espalda para que me baje por los escalones.

—¿Adónde me llevan? —pregunto, y Pancho sólo contesta:
—Shh, shh.

Me pongo sobre su espalda y al contacto con él puedo sentir que es grande y fuerte, un hombre joven, y que su corazón, al igual que el mío, late de forma descontrolada. ¿Cómo es posible que ellos inventen ese mundo y que dentro de su invención estén alterados? ¿Qué los altera? ¿El momento, la situación, nosotras, las drogas, el miedo? ¿Qué los altera? Me llevan a un pequeño cuarto en la parte de abajo, donde también hay una televisión a todo volumen.

—Siéntate —me dice alguien. Es el Enano, que está cada vez más furioso—. Dime, Ernestina ¿estás segura de que Laura es la indicada para irse? ¿Por qué no tú? No te equivoques, porque te juro por ésta (escucho que besa sus dedos, me imagino que está besando la cruz) que no volverás a ver a tus hijas.

Cada vez que me hablan de mis hijas, de repente me arrepiento de mi decisión y quiero decir que me dejen salir a mí y que yo puedo hacer mejor las negociaciones. Pero al mismo tiempo intuyo que si dejo que Laura se quede no saldrá con vida.

—Ella es la indicada para irse —contesto.

—Ya me estás calentando los huevos —me dice el Enano—. ¿Qué te crees? Estás tan tranquila, contestándome como si no me tuvieras miedo. ¿Sabes qué te voy a hacer? Te voy a rapar y te voy a meter a un tinaco toda encuerada a ver si de esa forma me contestas con temor.

Con eso dejo de sentir las piernas y me invade, de nuevo, el tan ya conocido calor de la adrenalina.

—No, señor, yo lo respeto y le tengo temor; es mi forma de ser la que es tranquila, le pido perdón.

—A ver, tú, trae el AK47, voy a ponérselo a esta pinche vieja.

El Enano está totalmente histérico, fuera de sí. Por alguna razón lo tiene muy alterado la decisión de que mi hermana se vaya.

Empiezo a oír pasos que entran y salen del cuarto y cosas que ponen y quitan en la pared. Me trato de mover y recibo el primer golpe en mi cautiverio. Veo estrellitas y siento adormecida la cara. Me han pegado en la sien con la cacha de una pistola con toda la fuerza que pudieron. Es tan fuerte el golpe que me doy media vuelta tambaleándome para no caerme. Después me cubren con muchas cobijas y me pegan en todo el cuerpo. Parecen palos, armas, zapatos. Yo solamente aguanto, y mis lágrimas silenciosas se secan inmediatamente con los algodones que tengo en los ojos. Si embargo, me quedo quieta, no hago ningún ruido, el ruido lo lleva mi alma. Medio inconsciente o adormecida por el dolor, siento que me levantan y me recargan en la pared. No existen palabras para describir lo que siento cuando me encañonan la cabeza y me golpean con un arma de fuego; bien sé que podría soltarse la bala en cualquier momento. "Dios mío, no dejes que este sea mi momento de muerte. Te lo pido Señor mío, te pido que este no sea el día de mi muerte."

De pronto escucho el disparo de una cámara. Y entiendo lo que acaba de pasar. Quieren que mi familia vea una Ernestina golpeada, vejada y desesperada. Mi familia. Mi pobre familia.

La muerte

Cuando existimos, la muerte no existe y
cuando está la muerte no existimos.

EPICURO

El sentimiento de la muerte me ha acompañado durante todo el cautiverio. La muerte es un hecho natural. Todos lo sabemos, pero quizá no le tememos a aquello que imaginamos siempre lejano. Por supuesto, todos sabemos que tenemos que morir, pero mientras la muerte no nos alcance, no nos preocupamos por ella. Sólo entonces la empezamos a sentir. Ése es el momento en el que nos abruma toda la vulnerabilidad del ser y nunca es fácil asimilar, ni mucho menos aceptar, la cercanía de la muerte. Durante estas eternas horas de angustia pienso que la muerte no es un evento de la vida; no se vive la muerte. ¿Será que la muerte es un puro hecho, como el nacimiento? No, no, mis padres me enseñaron que la muerte es el fin de la vida, pero también el inicio de otro ciclo de vida. Es decir, la muerte es el ocaso del sol, que es, al mismo tiempo, el sol en otro lugar. Pero pienso que la muerte separa el alma del cuerpo y creo que mi alma, y también mi espíritu, son inmortales. En la muerte está el reposo de los contragolpes de los sentidos, de los movimientos impulsivos que nos arrojan aquí y allá como marionetas, de las divagaciones de nuestro razonamiento, de los cuidados que debemos tener en nuestro cuerpo.

La muerte es la posibilidad de la imposibilidad de todo existir. Es la nulidad posible de las posibilidades del hombre. Todo esto lo entiendo, pero *yo no me quiero morir.*

—Sácale la foto. ¡No, pendejo! ¡No! Ponle el arma en la sien. Que no se mueva. Quédate parada, Ernestina. ¿No entiendes? No te muevas.

Pasa mucho tiempo y yo estoy en un catre, cubierta con muchas cobijas, amarrada y con los ojos vendados, sudando y llorando. ¿Mamá, dónde estás, mamá?

Suben y bajan voces, pasos, chiflidos, autos... Por fin Rudy viene por mí. Me sube y me deja en la cama. Imagino que está amaneciendo porque tengo frío, un frío de desesperanza y muerte. Ya acostada, después de que todos los fantasmas se han ido, tardo muchas horas en recuperar la vista, porque después de tener los ojos vendados por mucho tiempo lo único que se pueden ver son sombras. Mientras me quito el vendaje empiezo a hablarle a mi hermana. Pero ella ya no está. Trato de encontrarla con las manos, con la voz, con mis ganas, pero ella ya no está en esta historia.

Al día siguiente despierto con dolores en todo el cuerpo, en el alma y en el espíritu. Sola, muy sola, más sola que la soledad. ¿Y ahora qué? No me levanto. Me dejan la comida; ni siquiera me entero qué me dan. Así pasan dos días. Al tercero, sin saber por qué, mi espíritu me levanta, me fortalece y me dice:

—Tú eres hija de Dios y hoy estás viva, tienes que conservar tu herencia divina y no puedes dejar que nada ni nadie te pueda vencer —me levanto de la cama.

—Buenos días, Rudy, me quiero bañar. ¿Me puedes poner el agua?

—Qué bueno que hoy se siente con ánimos, señora, porque falta mucho más tiempo del que pensamos.

Ni siquiera sus palabras aminoran mi fuerza. Me doy un baño muy largo restregándome el cuerpo amoratado y golpeado, pero vivo. ¡Sí! Mi cuerpo está vivo. Y yo aún más. De acuerdo tipejos, hoy decreto que mi espíritu es más fuerte que el de ustedes y no podrán vencerme nunca, nunca; en el nombre de Dios lo pronuncio y lo realizo.

Esa tarde hago mucho ejercicio; unos días atrás ellos nos dieron unas ruedas para fortalecer el abdomen y la espalda, y ahora las utilizo y sudo y sudo... Cada gota que me sale es una pequeña parte de todo el enojo, la frustración, el abandono que siento. Pero también pienso: "Yo soy yo, y aquí estoy". Después me acuesto y pongo atención al televisor. Tocan a la puerta y de inmediato me tapo la cara. Es Romeo.

—Titi, perdona que no estuve para defenderte de todo lo que te hicieron. ¡Perdóname! No me dejaron estar contigo. Me mandaron por los coches para llevar a tu hermana a una casa, que es donde está toda tu familia reunida. ¿Sabes? Estoy teniendo un gran sentimiento por ti y eso no está nada bien, porque esto es un trabajo y yo no tengo que sentir nada.

Se recuesta detrás de mí. Yo tengo la colcha encima pero mi espalda y mis brazos están descubiertos. Romeo toma mi mano y empieza a acariciarla. Mi primer instinto es soltarla pero me sujeta con tal fuerza que no puedo ni moverla. Cálmate, Ernestina, me digo a mi misma. Ten calma, no te va a hacer daño. No, no, no puede hacerme daño.

Esa noche, como todas, mi padre Ernesto me acompaña. Siempre lo veo en la cabecera, arropándome con sus grandes brazos. Su muerte ha sido el dolor más grande que he sentido en la vida. Sin embargo, allí secuestrada, yo siento su presencia y me lo imagino con una gran sonrisa diciéndome: "¡No pasa nada, y si pasa, tampoco pasa nada!" Mi papá, en lugar de contarme cuentos siempre me recitaba. Y había un poema de Rubén Darío que le encantaba leerme. Lo dijo tantas veces que me lo sé de memoria. Esa noche me duermo recordando cada palabra de aquellos versos, y siento que me estremezco cuando tomo conciencia del poema, porque casi parece como si mi padre hubiera sabido que su princesa viviría esta tragedia:

La princesa está triste... ¿qué tendrá la princesa?
Los suspiros se escapan de su boca de fresa,
que ha perdido la risa, que ha perdido el color.
La princesa está pálida en su silla de oro,
está mudo el teclado de su clave sonoro;
y en un vaso, olvidada, se desmaya una flor.
El jardín puebla el triunfo de los pavos reales.
Parlanchina, la dueña, dice cosas banales,
y, vestido de rojo, piruetea el bufón.
La princesa no ríe, la princesa no siente;
la princesa persigue por el cielo de Oriente
la libélula vaga de una vaga ilusión.
¿Piensa acaso en el príncipe de Golconda o de China,
o en el que ha detenido su carroza argentina
para ver de sus ojos la dulzura de luz?
¿O en el rey de las Islas de las Rosas fragantes,
o en el que es soberano de los claros diamantes,
o en el dueño orgulloso de las perlas de Ormuz?
¡Ay! La pobre princesa de la boca de rosa
quiere ser golondrina, quiere ser mariposa,
tener alas ligeras, bajo el cielo volar,
ir al sol por la escala luminosa de un rayo,
saludar a los lirios con los versos de mayo,
o perderse en el viento sobre el trueno del mar.
Ya no quiere el palacio, ni la rueca de plata,
ni el halcón encantado, ni el bufón escarlata,
ni los cisnes unánimes en el lago de azur.
Y están tristes las flores por la flor de la corte;
los jazmines de Oriente, los nelumbos del Norte,
de Occidente las dalias y las rosas del Sur.
¡Pobrecita princesa de los ojos azules!
Está presa en sus oros, está presa en sus tules,
en la jaula de mármol del palacio real,

el palacio soberbio que vigilan los guardas,
que custodian cien negros con sus cien alabardas,
un lebrel que no duerme y un dragón colosal.
¡Oh, quién fuera hipsipila que dejó la crisálida!
(La princesa está triste, la princesa está pálida)
¡Oh visión adorada de oro, rosa y marfil!
¡Quién volara a la tierra donde un príncipe existe
(La princesa está pálida, la princesa está triste)
más brillante que el alba, más hermoso que abril!
—¡Calla, calla, princesa —dice el hada madrina—,
en caballo con alas hacia acá se encamina,
en el cinto la espada y en la mano el azor,
el feliz caballero que te adora sin verte,
y que llega de lejos, vencedor de la Muerte,
a encenderte los labios con su beso de amor!

Al día siguiente en la mañana, Rudy y Romeo entran al cuarto.

—Levántate, Sodi, hoy te vamos a sacar a tomar el sol.

—¿Me dejan lavarme los dientes?

—Bueno, Sodi, báñate y que se te seque el cabello al aire libre.

—No te puedes quejar, hoy es tu día de suerte. Llevas veinticuatro días sin tomar ni sentir el sol. Tienes cinco minutos.

—Ustedes saben que no sé cómo medir el tiempo pero me voy a dar prisa —cierran la puerta y me recorre un miedo inexplicable.

¿Estarán diciéndome la verdad? ¿Me querrán sacar a algún otro lado, o me querrán violar? Por Dios, Ernestina, cálmate, solamente te van a sacar a tomar el sol. Ayer uno de esos infelices te dijo que te veías bastante maltratada y te preguntó si te sentías bien. ¡Dios mío, acompáñame! Ya estoy esperándolos con los algodones puestos en los ojos para que me los venden.

Qué pena me doy a mí misma, totalmente amedrentada por esos tipos, siguiendo como un muñeco todas las órdenes y los deseos que tienen; estoy sentada al borde de la cama con las piernas juntas, los ojos tapados y las manos entrelazadas, esperando la llegada de quién sabe quién, como un animal que ese día será sacado a un lugar que ignora.

Tocan la puerta y entra Rudy a ponerme la venda alrededor de los algodones.

—Ahora sí, Sodi, levántate.

Me toma del antebrazo y me lleva a la puerta; pasamos el cuarto donde ellos duermen y donde Romeo me puso bocabajo y me tocó la espalda. Seguimos por un pequeño pasillo y empiezo a oír la música muy alta. Me lleva a una especie de balcón, que después de algún tiempo puedo darme cuenta es bastante grande. Me sienta en el piso y me ordena que me quite la sudadera. Gracias a Dios tengo puesta una pequeña blusa negra de licra, sin mangas, que se amolda al cuerpo. Es lo único que me queda de la ropa que llevaba el día del secuestro; siempre la llevo puesta, la lavo en las noches e increíblemente se seca en ese maldito cuarto en cuestión de horas. Hasta la fecha la conservo, y cuando estoy triste o deprimida me la pongo para recordarme que la vida es la vida y es la única que tengo. También la uso cuando quiero protegerme de alguna situación difícil para que me recuerde que soy una sobreviviente y que el miedo no está dentro de mi concepto de vida. He aprendido a dominarlo y no me impide ser o actuar.

Sentada en el piso empiezo poco a poco a sentir el calorcito que solamente "el gordo", como le digo al sol, puede darme; entonces el sol empieza a acariciar mi cara, mis brazos. Trato de levantar los pantalones más arriba de las rodillas para que todo mi cuerpo se alimente de esa bendita luz.

No conforme de sentir el sol, siento cómo el aire entra por mis poros y mi felicidad es absoluta. Respiro con tanta energía, tratando de retener por una eternidad ese aire fresco en mi cuerpo. Pero de pronto me sacan de mi gozo y me aterrorizo en un segundo. Escucho la voz del Enano sobre mi hombro derecho, preguntándome si me está gustando. Otra voz a la izquierda me pregunta si quiero agua. Una voz más, enfrente de mí, comenta que estoy muy blanca, que si quiero subirme más los pantalones... Y empiezo a escuchar una por una, todas las voces de los integrantes de la banda. Son siete u ocho, y todos platican entre sí, viéndome como a un changuito sentado en el piso con cara de terror y volteando la cara a todos los hemisferios tratando de saber la procedencia de cada sonido.

—Titi... ¿Por qué te dicen Titi?

—Porque en lugar de Tina mi padre me decía Titi.

—Bueno, Titi, cuéntanos de ti, tienes dos hijas, ¿cómo son?

Cada vez que empiezan a tocar el tema de mis hijas yo no contesto nada. Con el tiempo ellos entienden que no pueden hablarme de ellas. Con gran dificultad suspiro. Mi mente vuela a una pregunta interna: ¿qué es la respiración? La respiración es individual, la última expiración también lo es. El momento que dictamina la muerte es cuando el cuerpo deja de respirar, despidiéndose de la vida con el sonido que lleva la expiración; la respiración es lo que nos vincula con esta maravillosa y terrible condición de los cuerpos. He analizado el dolor y mi conclusión es que nuestros dolores tienen que ver con el cuerpo. Todos los sufrimientos que llamamos de alto rango, la nostalgia, la melancolía, la ausencia de Dios, todos están de alguna forma u otra relacionados con el cuerpo. Lo que llamamos dolor del alma existe en el cuerpo, que es su única identidad; el alma en este mundo material se expresa por medio del cuerpo. Por ejemplo, cuando estoy separada del hombre que amo siento la separación como si me arrancaran un brazo, un ojo o una pierna. Es un tipo de dolor que se convierte en una especie de energía material; pero existimos espíritus, como el de él y el mío, que nos amamos más allá de las formas, de los tiempos y los espacios, y por nuestro amor tan grande es imposible sufrir.

—Qué, ¿no nos quieres contestar?

—Sí, perdón, estoy un poco distraída.

Empiezan a hablar y a comer ofreciéndome fruta que me acercan a la boca. Este día es absolutamente maravilloso, el sol me da tantas ganas de vivir y me ayuda a recargar fuerzas para lo que venga.

Rudy llega todas las mañanas a limpiar y siempre me trae comida o cigarros; me los da contados, a veces son dos y otras cuatro. Cuando no viene drogado se pone a platicar. Más de una vez me ofrece marihuana y yo siempre le digo que no, ¡que por favor no me ofrezca esa porquería! Rudy me explica que el secuestro se me hará más ligero si fumo un poco. Eso me enoja y ya no le contesto.

—¿Sabes, Ernestina? La banda te quiere juntar con el secuestrado que tenemos en la otra casa.

—¿Para qué?

—Pues sería chido, ¿no? Es un hijo de empresario. No creas que es joven, es un hombre de unos cuarenta y seis años y siempre está borracho. Nos sale muy caro, le tenemos que comprar cigarros y una botella de whisky todos los días, y al día siguiente siempre nos pide aspirinas y medicina para las agruras. Ayer todos nos reíamos pensando qué harían juntos los dos. Te lo quieren traer a dormir en este cuarto. A ver si contigo está un momento sobrio. El pobre sólo dice tonterías y nadie le entiende. ¿Te gustaría?

—Están enfermos todos ustedes.

—No te enojes. El anterior a ustedes, ése si era bravo. Nos retaba y un día nos llamó cobardes y dijo que éramos gallinas y que solamente en bola podíamos con él. Y nos retó a que uno por uno nos peleáramos con él. Pues ni tardos ni perezosos aceptamos y uno por uno nos fuimos con él a los golpes. Todos veíamos cómo nos golpeaba, y seguía el otro y el otro y este grandullón nos dio a todos una paliza, y eso no lo podíamos permitir. Con los hocicos sangrados y realmente enojados decidimos controlarlo. Se golpeaba en las paredes y decía que si él no dormía, nadie de la casa lo iba a hacer, no le tenía miedo a nada; si le poníamos la pistola en la cabeza él se la ponía en la boca y nos decía: "Ándale, maricón, mátame pero déjame ver tu cara mientras lo haces, no me quiero perder los ojos de mi asesino. Son tan cobardes que no pueden ni siquiera mirar a la gente a los ojos cuando la matan..." Después llegó el jefe. Cuando nos vio se puso furioso y decidió colgarlo. Nos dio órdenes de que le amarráramos las manos y los pies y lo colgamos del techo poniéndole una soga en el cuello. Cuando lo subimos para ahorcarlo se empezó a mover como una marioneta y a ponerse morado, el jefe lo bajó y le dijo: "Para la otra te mueres, miserable". Cuando lo bajaron alcanzó a decir: "Maricones de mierda, sólo se juntan para poder ser hombres". Esas palabras me siguen enojando. El muy pendejo salió sano y salvo porque ha sido el más bien pagado de nuestros secuestros. Pero ahora estamos con lo que le dije, ¿le gustaría ver al otro secuestrado?

Como respuesta le hago una pregunta; ya sé que mi salvación va a ser siempre el arte.

—¿Tú conoces a Oscar Wilde?

—No, ¿qué es eso?

—Es un hombre maravilloso, europeo, gran escritor y poeta. Te voy a contar un cuento que se llama "El ruiseñor y la rosa".

Y le cuento a Rudy la triste historia del ruiseñor que ve un joven estudiante enamorado, en busca de una rosa para conquistar a su amada. Le cuento cómo el ruiseñor le consigue la rosa y muere por sus esfuerzos de ayudar al joven enamorado, que nunca se da cuenta del sacrificio del ruiseñor.

—Cuando la rosa no logra el objetivo de enamorar a la amada del estudiante, éste tira la flor a la calle, donde las carrozas y los caballos la destrozan, pisoteando el sacrificio del ruiseñor...

—Ernestina, ¿me perdona por todo? —Rudy me pregunta de repente—. Le juro que este es mi último secuestro.

Yo sé que eso es mentira, pero no hay corazón que no se doble frente al arte.

—Rudy si no me ofreces otra vez droga, te doy un regalo.

—Chale Sodi, ¿qué me puede regalar?

—Te voy a dar un brillante.

—Ya no juegue, ¿cómo que un brillante?

—No te voy a decir más. Vete al baño y toma la botella del champú. Adentro encontrarás un gran anillo. Y te prometo no decirle nada a nadie, ¿de acuerdo?

—Gracias, Sodi, por todo. Me gustan un resto tus cuentos. Cuando me aburra me cuentas otro.

—Sí, Rudy.

Una tarde llega Romeo al cuarto. Yo estoy sentada en el piso escuchando la radio, mirando al infinito, cuando toca la puerta. Me tapo inmediatamente la cara con una toalla verde con rayas café. Ya la han lavado, porque en los días pasados, cada vez que me la ponía olía a humedad y tenía hongos; dejé de usarla y me ponía la colcha encima. Pero de esa forma casi no podían oírme y, por supuesto, tampoco me veían. Me cubría con toda la colcha y me acomodaba sentada abrazándome las piernas y con la cabeza en las rodillas; sólo veían un bulto debajo de la colcha. Se cansaron de esto y además querían ver algo de mí, aunque fueran los pies, los brazos o quizá mis cabellos. Un día me pidieron la toalla y por fin la lavaron.

—¡Hola, Titi, mi pequeña Titi! Me encanta que me esperes. Mira lo que te traje —dice Romeo.

—Sabes muy bien que no puedo ver y yo no te espero nunca.

Recuerda que estoy secuestrada y no puedo salir —le contesto.

—Perdóname, qué tonto soy. Pon tus brazos extendidos.

Me toma los brazos con mucha ternura, los extiende poniendo mis palmas hacia arriba. Al principio pienso que me va a dar un golpe con algo en las palmas, pero de pronto siento un peso muy grande en los brazos que por reflejo me hace doblarlos inmediatamente, después el olor es tan fuerte que dejo de pensar. Solamente existe el olfato. ¡Sí! ¡Sí! Huele a rosas frescas, rosas de verdad.

—¿Te gustan? Las compré con todo mi amor para ti.

—¿Qué?

—Si, Ernestina, siento mucho amor por ti.

Estoy sentada en un cuarto pequeño, oscuro, con una toalla en la cabeza, secuestrada, con más de cinco docenas de rosas en los brazos y el secuestrador me dice que siente amor por mí.

—Por Dios, esto es una broma, ¡es una locura!

—No mi amor, no es una broma. Yo te quiero a ti.

—Mira, Romeo, yo no soy tu amor, ni nada de eso. Tú y tu banda me tienen secuestrada y este acto es de odio, de dolor. Tú no puedes hablarme de amor, déjame tranquila y vete, por favor.

—Te entiendo, cálmate, por favor cálmate. Yo no sé qué me está pasando, esto me va a costar pero no puedo evitarlo.

Se pone detrás de mí e introduce su mano debajo de la toalla, buscando. Con su mano, inclina ligeramente mi cabeza, levanta por detrás la toalla y mis cabellos hasta llegar a la nuca. Respirando fuertemente se acerca rozando sus labios con mi piel; termina por darme un pequeño beso en la nuca lleno de todas las sensaciones que yo no comparto. Pero en este acto alcanzo a verle la mano y logro ver una pequeña cicatriz debajo de su dedo gordo.

—Perdóname, perdóname —se levanta y me deja sentada con una toalla en la cabeza, cargando más de cinco docenas de rosas en los brazos y un descontrol que empieza a enloquecerme.

Cuando Romeo se va me levanto con las flores en los brazos, las acomodo en la cama; al quitarme la toalla las puedo ver, son grandes y muy bellas. ¿Cómo puede ser que dentro de este horror, Dios me mande estas rosas tan bellas a darme una alegría de vida, de color y de olor? ¿Es esto un mensaje divino para que no pierda esperanza? Las abrazo y me pongo a llorar por lo bellas que son las flores, por todas las flores que recibí en mi vida y que ni siquiera toqué u olí y que dieron su vida por mí sin saberlo, por amor, por un día de madres, de novios, de cumpleaños. Cuántas bellas flores tuve y nunca vi. Pero estas venían de tan lejos a traerme noticias de vida. ¡Sí!, de vida. Gracias Dios. Pero el tipo este, ¿qué? Ay, Señor, apiádate de mí.

Tocan nuevamente la puerta y me pongo la toalla inmediatamente en la cabeza. Como siempre me quedo en la cama y entra Rudy.

—Vaya, vaya, con que esas tenemos. Ahora resulta que tenemos un Romeo en casa. Ja, Ja. A ver qué dice el jefe. Con que te estás portando mal, ¿eh?

—No, yo no he hecho nada. Es él quien está con esta cosa. Yo soy una señora decente y esto me molesta.

—Sí, cómo no —sale dando un portazo.

Es desde este momento en que todos lo empiezan a llamar Romeo. Pero para evitar confusiones con los apodos de estos infelices, lo he llamado Romeo desde el principio de mi relato.

El síndrome de Estocolmo

No temo al infierno por sus penas,
¡sino porque es un sitio donde no se ama!

SANTA TERESA

En 1973, los asaltantes de un banco en Estocolmo, Suecia, tomaron como rehenes a cuatro personas y las tuvieron cautivas seis días. Después de todo ese tiempo, cuando fueron liberados los rehenes se negaron a testificar contra sus secuestradores y pusieron dinero de su bolsillo para pagarles la defensa legal. Una rehén incluso se enamoró de uno de los secuestradores. Otras versiones indican que esa mujer fue captada por un fotógrafo besando a uno de los delincuentes. Los psicólogos bautizaron este extraño comportamiento como el "síndrome de Estocolmo".

Cuando alguien es secuestrado y permanece por tiempo indefinido únicamente en compañía de sus captores, puede desarrollar lazos afectivos hacia ellos.

De acuerdo con la psicología, el síndrome de Estocolmo es una respuesta emocional que puede manifestar el secuestrado o plagiado a raíz de la vulnerabilidad y extrema indefensión que produce el cautiverio. Este acontecimiento desencadenó profundos estudios psicológicos que describen el vínculo emocional que puede surgir entre cautivo y raptor al convivir durante varios días.

Los psicólogos lo definen como una relación emocional de dependencia entre la víctima y el agresor que se desarrolla cuando éste amenaza su vida deliberadamente, pero no llega a matarla. La estrategia consiste en tratar que el violento esté contento para que no vuelva a hacer daño, se convierte en una obsesión para la víctima, y ésta puede llegar a sentir gratitud y simpatía por quien la atormenta. El alivio al ver que el agresor retira la amenaza de muerte, genera intensos sentimientos positivos que, mezclados con el miedo, hacen que a la víctima se le dificulte odiarlo; incluso llegan a ver a su captor como una buena persona.

El caso de Kristin, una de las personas secuestradas en el asalto al banco de Estocolmo, describe lo que sucede a muchas mujeres en sus casas. Kristin no podía hablar, no podía comer, no podía ir al lavabo sin pedir permiso a su secuestrador, un hombre que iba armado. "No sólo estaba aterrorizada, sino aniñada." Según Miriam Alarcón de Soler, especialista en el tema de secuestros, "los niños no pueden sobrevivir sin el cuidado y alimento que les dan sus padres, y no conocen el significado de la palabra amor".[3] Los pequeños experimentan un alivio cuando su hambre es saciada, cuando desaparece el pañal húmedo, cuando les ponen sábanas limpias. "Podemos asumir que las experiencias de los niños son precursoras del amor, una gratitud profunda por el regalo de la vida, expresada con actos de amabilidad. A menudo, la amabilidad es una respuesta al alivio del malestar y del dolor", apunta Alarcón de Soler. Kristin negaba que la fuente de su dolor fuese Olafson, uno de los asaltantes. Muchos rehenes "niegan, reprimen u olvidan ese hecho". Las víctimas sólo ven que una persona que tiene el poder para matarlas no lo hace y, por el contrario, les da comida y permiso para hablar y para asearse, y se sienten agradecidas.

Tienen que pasar varios años, después de que hayan desaparecido las ataduras, para que las víctimas acepten lo que realmente les ha pasado.

---

[3] Miriam Alarcón de Soler, *Secuestro y espacio terapéutico*, Ed. Policopiado, Bogotá, 1999.

"Muchas personas que fueron secuestradas han experimentado estos mismos sentimientos. Dicen que no querían sentir amor o compasión por un asesino (muchos secuestrados han visto cómo se mataba a otros rehenes), incluso luchaban por no sentir afecto", continúa. Pero gradualmente, terminan acercándose a alguno de los secuestradores, a menudo al que les daba de comer. "Si la edad y el sexo son los adecuados, puede acabar sintiéndose algo parecido a un amor romántico." Kristin llegó a convertirse en la amante de Olafson y rompió un compromiso matrimonial que tenía con otro hombre.

En mi caso, pienso que el síndrome de Estocolmo, si es que lo hubo, se dio al revés. Romeo sintió un gran amor y cariño por mí y eso me salvó la vida.

Una tarde-noche llega Romeo con una botella de Coñac Martell, refrescos de cola, hielos y unas copas. Trae también papas fritas y cacahuates.

—Hola mi amor, tienes que vendarte porque hoy voy a platicar contigo y no quiero que me veas.

Me pongo los algodones, él me pone la venda desenredando mi chongo y soltándome el cabello. Después me sienta recargada en la pared y de inmediato pone una pequeña grabadora con música de Luis Miguel: "Usted es la culpable de todas mis angustias, de todos mis quebrantos..." Acto seguido llena unas copas coñaqueras, les pone hielos y refresco de cola. Yo no veo pero puedo oír y sé qué tiene la copa. Al principio tengo miedo de que me drogue y no quiero probar nada de lo que me da, pero no tengo opción pues me pone la copa en los labios y la empuja contra mi boca.

—Te va a gustar, se llama "París de noche", como esta gran noche. No temas, no voy a hacer nada que tú no quieras. ¿Sabes?, mi nombre es Daniel Dante. ¿Te sorprende que te lo diga? Pues ahora estoy en tus manos y puedes hacer conmigo lo que tú quieras. Soy del signo cáncer, dicen que somos muy hogareños.

Mientras platica enciende un cigarrillo y me lo da a fumar, después prende otro para él. Como yo no veo trato de ponerlo en mi boca y no siempre atino, pero él me ayuda.

—Tengo veintiséis años —dice—, y mi negocio son los lava coches. Ahora con los secuestros me está yendo muy bien y los estoy ampliando. Como también robamos autos, estos talleres nos sirven para cambiarles las placas, los colores y que salgan otros en menos de una semana. Estoy poniendo unas tiendas en las que voy a vender espejos, bocinas, cera para limpiar los asientos, y todo tipo de cosas de coches que te puedas imaginar. Y, ¿sabes?, acabo de comprar un terreno con el último secuestro y voy a construir unos condominios y no sé si venderlos o rentarlos.

Mientras esas palabras entran a mi mente, apresuro el trago de la bebida maravillosa que me hace olvidar por un momento el infierno que me toca vivir. Porque lo que dice este individuo me repugna y me da coraje saber que por el sufrimiento de muchas víctimas y de sus familias, el tipo tiene todos estos bienes que no le corresponden, bienes conseguidos por el trabajo de muchos años de gente inocente que ellos han arrebatado por la fuerza.

—¿Me puede dar más París de noche?

—Claro, mi reina, lo que tú me digas.

Se acuesta en el piso y me jala con mucha cautela; recuesta mi cabeza en su abdomen. Después se queda en silencio y acaricia por mucho tiempo mi cabello mientras escuchamos la música de Luis Miguel. ¿Qué siento? Pues que la vida es una locura; no sabemos ni por qué estamos aquí y mucho menos qué hago yo tratando de sobrevivir con mi cabeza recostada en el vientre de uno de mis secuestradores.

Se incorpora y me incorpora, me vuelve a poner contra la pared y me pregunta:

—¿Te puedo besar?

—Claro que no —le digo.

—Está bien, no haré nada que tú no quieras. Tengo un coche Camaro. ¿Los conoces?

—No, yo no sé de coches.

—Es un coche a todo dar. Tengo unas vecinas bien conchudas; una tiene dieciséis años y la otra tiene dieciocho, y siempre me piden que les preste mi Mercedes Benz. Ya me están cayendo mal pero tengo que ser normal para que no se den cuenta que soy secuestrador. ¿Te imaginas? No saben nada de mí. Mis vecinos dicen que soy un joven ejemplar porque les pago a mis sobrinos las colegiaturas de sus escuelas.

—Sí, con el dinero y el sufrimiento de otros seres humanos.

—No, no te pongas así; perdona, qué bruto soy, perdona. Te voy a servir otra copa y a prender otro cigarro... Bonita, te quiero decir algo: cuando tú elegiste quedarte aquí a cambio de que tu hermana saliera, ese día se me enchinó la piel, en todos los demás secuestros siempre se peleaban por salir primero. A partir de ese momento es que empecé a tener un sentimiento contigo. No pensé que tú fueras la fuerte, como que tu hermana era la que daba esa impresión. Pero ya ves, qué sorpresas da la vida.

De pronto se queda callado y de inmediato siento sus labios en los míos. Me toma la cabeza con sus manos y me besa con tanta pasión que me provoca un asco inmediato y no sé qué hacer o qué decir. Nunca lo esperé, y además, cuando no se puede ver, las sensaciones se agudizan; y es tan sucio que no puedo explicarlo.

—Romeo o Dante, ¿me haces el favor de irte?

—Está bien, bonita, me voy, pero quiero que sepas que me estoy enamorando de ti. Buenas noches.

Se acerca y me da otro beso; introduce su lengua con la confianza de quien sabe lo que está haciendo.

A Romeo le gusta cantarme una canción de Ricardo Arjona:

El problema no es hallarte,
el problema es olvidarte;
el problema no es tu ausencia,
el problema es que te espero;
el problema no es problema,
el problema es que me duele...

Ese día llega el Enano muy enojado y me dice:

—Tienes que hablar con tu puta hermana, todo lo que nos dijo ha sido mentira. Tienes que convencerla de que te vamos a matar y que si no cumple lo que dijo nunca vas a volver a ver a tus hijas. ¡Ernestina, no estamos jugando, ya perdimos mucho tiempo y dinero para que ahora tu familia se burle de nosotros!

Me meten en la cajuela de un coche tipo Chevrolet, amarrada de pies y manos. Lo primero que siento es que me falta el aire y después, cuando me ponen la colcha encima comienzo a volverme loca. Es la sensación más terrible que he experimentado. En la oscuridad de la cajuela pienso que no me llevan a hablar con mi hermana, sino que me van a matar en un lote baldío y me arrojarán en la cañería.

Dentro de esa cajuela, sin aire, sudando y sintiendo la muerte acariciándome, lo único que me queda es rezar. En ese momento entiendo a las personas que han sido víctimas de la delincuencia y que no han tenido la fortuna que yo he tenido. He vivido lo mismo que ellos, solamente me faltó el momento culminante del asesinato. Todo lo que estoy viviendo esta noche es la misma víspera macabra que otros también transitaron.

Más de una hora pasa y por fin llegamos a no sé dónde. De pronto paran el coche y mi corazón da un vuelco con el temor de la muerte, siempre la maldita muerte por delante de mis emociones. Abren la cajuela y el golpe del viento me embelesa; no me importa nada más que el aire, ese bendito aire que entra a mis pulmones y mi espíritu.

Me sientan dentro de la cajuela y me quitan la cobija. Todavía amarrada y con las vendas, me ponen un celular en el oído y me ordenan que hable.

—Hermana, ¿eres tú?

—Lala, sí, soy yo. ¡Por favor, hermana, ayúdame!

—Titi, ¡escúchame por favor! Nada de lo que tú y yo hablamos adentro es la realidad. Todo lo que imaginamos era eso, pura imaginación.

Cuando estábamos juntas, ella y yo pensamos que nuestra familia iba a pagar en dólares y nunca pensamos que no había dinero disponible. Pero así era. Mi hermana sigue:

—Créeme, todos estamos haciendo lo mejor. Pero no hay los millones de dólares. Estamos trabajando con pesos y eso, hermanita, es lo que hay.

Mientras sus palabras entran a mi razón, yo le grito:

—¡Tienes que ayudarme. Ellos ya me amenazaron, y si algo me pasa te culpo a ti y a toda mi familia. Diles a mis hijas que se quedan sin madre por tu culpa!

—Titi ¡Por favor! Confía en mí...

Los tipos cortan la comunicación y me vuelven a acostar y a tapar con la cobija... Y yo, yo... solamente lloro.

En el camino me doy cuenta de que mis oportunidades de vivir se están agotando. Bien podía haberme dicho mi hermana: "Titi, no te preocupes todo va muy bien, pronto te sacaremos". Pero nada de eso, sólo me dijo que las cosas estaban mal. Yo la conozco y después de no decirme que todo está bien mis expectativas de salir con vida se derrumban. A nuestro regreso todos están furiosos. El Enano me empuja para que caiga en el rincón del cuarto.

—Ya ves, pendeja, te dije que tu familia te iba a dejar morir. No te quieren. No han podido juntar más dinero y tú les vales madres. Nadie quiere pagar por ti. Mejor te mato de una vez.

Saca su arma y me la pone en la sien. De pronto me impacta el golpe de adrenalina más grande que he sentido, en el secuestro y en mi vida. La sensación entra a mi cuerpo desde las plantas de los pies y empieza a subir llegándome a la cabeza donde de pronto, sin preguntarme, mi razón enloquece: tomo con mi mano derecha el cañón de la pistola y lo empiezo a golpear sucesivamente en mi sien diciendo:

—Mira, imbécil, mátame ahora, ¡sí, ahora! ¡Y no me estés amenazando! Ya me tienen cansada, poco hombres, todos en bola para sentirse fuertes, son unos maricones, ¡ya mátenme y déjenme en paz! ¡Ya, por favor! ¡Mátenme!

Grito y lloro. En realidad eso es lo que deseo en ese instante: morir.

Durante nuestra vida tenemos que enfrentarnos a diferentes momentos angustiantes y tristes, pero hay uno que es especialmente difícil, tal vez el más difícil de todos: la muerte. Podemos decir que parte de nuestro discurrir por la vida lo dedicamos a afrontar la muerte como realidad inevitable. Dependiendo de los familiares y amigos que vamos perdiendo con el tiempo, y de cómo vivamos esos momentos, seremos más o menos capaces de afrontar nuestra propia muerte. Aquellas personas que han conseguido no reflexionar sobre ella, por falta de necesidad o por omisión, quizá hayan conseguido evitar sentirse mal, pero sí serán más vulnerables a cualquier acontecimiento que los coloque directamente frente a este hecho.

Como realidad inevitable, la muerte puede afrontarse de muchas maneras: desde la fe, la negación del hecho, la resignación, la aceptación. Si nos encontramos en un momento tranquilo de nuestra vida no nos hará falta afrontar con inminencia la idea de la muerte; pero sí es una idea que, mientras avanza la edad, está cada vez más presente en nosotros. Hay dos pensamientos que suelen alimentar nuestro malestar ante la muerte: la idea de que pueda ocurrir en cualquier momento y que no podremos hacer nada por evitarlo: un accidente, por ejemplo, o un infarto. Luego está la preocupación de qué habrá después, ¿acabará nuestra existencia o trascenderemos a alguna otra realidad, a algún paraíso? Ante esto, podemos tratar de garantizar a nosotros mismos que la muerte no nos sorprenda, tomando así precauciones extremas: haciendo revisiones médicas constantes, evitando hacer viajes o cosas así. Pero para afrontar la realidad de la muerte y no quedar encerrados en un círculo sin respuestas claras, tendremos que considerar la posibilidad de que nuestros miedos sean en cierto modo justificados y no el producto de obsesiones o locuras. Debemos aceptar la posibilidad, aunque lejana o latente, y seguir adelante, continuar con la vida sabiendo que en cualquier momento la muerte nos puede alcanzar. Nada nos vale frenar la vida por el miedo, que fácilmente puede llegar a ser una especie de secuestro también. Lo que ocurre es que pensar en ello produce malestar. No es deseable pasarlo mal, pero de no ser así, es difícil que un tema tan complicado como éste no nos dé vueltas obsesivamente en la cabeza. Dicho de otro modo: es imposible tener certeza sobre algo que nos es imposible controlar. Visto así, podemos llegar a una especie de aceptación que, aunque irritante y no del todo satisfactoria, sea más llevadera que esa angustia leve pero constante ante la incertidumbre de la muerte.

Ahora, sin embargo, ya no puedo más, he estado pensando siempre en ese momento y ahora está aquí, enfrente, con la pistola en la cabeza; quieren que yo les diga por qué mi familia no les está respondiendo como desean. Pero no sé, y ya no puedo más, así que si este es mi momento, pues que así sea...

De pronto escucho la voz de Pancho:

—Qué huevos tiene esta vieja.

Acto seguido, se hace silencio y todos salen. Yo me quedo ahí llorando, temblando. Empiezo a vomitar, preguntándome por segunda vez: "Mamá, ¿dónde estás?"

Al día siguiente nadie me molesta; ni alimentos, ni agua, ni ruidos. Esa noche tomo agua del excusado porque no hay agua en la casa y me estoy muriendo de sed. Puedo aguantar sin alimento, pero sin agua no. Así que el vaso vacío de la veladora, donde normalmente tengo una velita puesta, lo lleno con esa agua. "Ay, Ernestina", me digo, "tú que te casaste en un castillo en las afueras de París, con todos los lujos y las bellezas que la vida te ha dado, ahora tomas agua del excusado para sobrevivir. Pero no importa, lo que importa es que estás viva..." Toda esa noche pienso en mi mamá: ¿cómo se sentirá en estos momentos? ¿Estará con mis hermanas? Y le hablo en silencio:

Madre, estoy aquí donde el pasado y el presente se unen, donde digo todo y nada. Madre, quiero darte las gracias porque tu vientre fue el primer universo que conocí: en él no había frío, en él existían colores y sabores maravillosos. Solamente yo te puedo contar qué tenías adentro, porque viví y crecí ahí. Por esta razón sé cómo suena tu corazón en las tardes lluviosas. Sé cómo corre tu sangre cuando el sol sale. Nunca te has probado; yo sí conozco los sabores de tu cuerpo. Esos sabores me hicieron, me formaron y me contuvieron. Quizá nunca sea suficiente, y hoy que siento que me muero, hoy madre, hoy es siempre. Por eso, madre, hoy, cerca o lejos, donde estés, madre, sé que hoy sufres por tus hijas. Hoy, madre, te quiero dar las gracias por amarme, por darme la vida y por existir. Hoy, mamá, la vida es cruel y nos ha salpicado con las mutilaciones espirituales de la eternidad. Hoy, al filo de la muerte, este es mi momento para decirte que he sido feliz. Por Dios, por ti, por mis hijas. Espero, mamá, tu bendición para lo que me depare el destino.

Y con eso me duermo, tan, pero tan cansada.

Al otro día todo sigue igual, nada de comida, nada de ruidos, sólo la zozobra de la eternidad.

Un día más y aparece Rudy, como siempre:

—Buenos días, le traigo su desayuno.

—Gracias Rudy.

Pone cereales y fruta que devoro como un animalito muerto de hambre. Me imagino que me ve como esos seres humanos buscando comida en los basureros, porque cuando se sufre de hambre uno es capaz de lo que sea, cosas impensables en cualquier circunstancia.

Todo esto me hace pensar, de nuevo, en Dios, y llego a la conclusión de que Dios me ha puesto a vivir esta experiencia para darme cuenta de los sufrimientos de otros y ser capaz de unirme a ellos. Curiosamente, en estas circunstancias terroríficas he aprendido lo que es la compasión, entendiéndola como la participación en el sufrimiento de los otros. Es esa emoción la que se suscita en mí cuando veo el dolor de otras personas. Es la solidaridad con todos los sentimientos morales. La compasión es para mí la esencia misma del amor entre nosotros los hombres.

Esa noche todos se fueron de parranda: el Enano había jurado no tomar durante tres años. Pero nadie sabía que el término de esos tres años era ese día. ¿Por qué juró no tomar? Sólo él lo sabe. Y para mi mala suerte, esa noche termina la abstinencia del maldito Enano y bebe. Yo me acuesto temprano, como a la diez de la noche; sólo está Rudy en la casa. En mis sueños oigo ruidos y me despierto. Creo que son como las cuatro de la mañana. Escucho carcajadas, portazos y mucho ruido, y me empiezo a poner nerviosa. El terror entra a mi cuarto cuando tocan la puerta y al cubrirme la cabeza con la colcha se abre la puerta y me preguntan:

—Titi, ¿puedo pasar? —es Romeo, que está borracho—. Titi, quiero hacerte el amor.

Me paralizo. No puedo contestar nada. Se acerca y me da la toalla para cubrirme el rostro y salir de la colcha. De inmediato me incorporo pero sólo puedo decir:

—Salte por favor. Salte del cuarto.

Él me toma del cuello, acercándome a su boca, y me dice:

—Hoy tú vas a ser mía, ¿oíste?

Mi llanto sale de una manera increíble; simplemente está ahí, justificando el momento, defendiendo mi integridad, gritando con todos mis sentimientos que no me haga eso, ¡que no me haga eso!

—Romeo, ¡por favor! ¡No me hagas esto, yo no quiero tener relaciones sexuales contigo! Esto sería una violación. Yo no quiero nada contigo. Ya tengo demasiado para que ahora me salgas con esto.

—Escucha —me dice tomándome del pelo con fuerza—. Toda la banda está sexualmente inquieta contigo, y tienes que decidir: con todos, o solamente conmigo. Si yo te hago mía nadie puede meterse contigo porque aquí tenemos normas y una de ellas es que nadie se mete con la hembra del otro. Tú decides.

Inmediatamente mi instinto de conservación me dice que tendré que soportarlo; no voy a soportar una violación multitudinaria. Tengo que serenarme y pensar en cómo salir sin peligro de lo que, ahora descubro, será inevitable.

Me hinco en la cama, lo abrazo llorando y le digo:

—Romeo, sólo te pido un favor, ponte un condón porque le tengo mucho miedo al SIDA, por amor de Dios, ¡no me dañes! Yo no te he hecho ningún daño. Si solamente quieren nuestro dinero, ¿por qué esto? Esto es maldad, no lo hagas.

—¿Un condón? Aquí no tengo ningún condón. Está bien, mañana te preparas porque voy a venir a hacerte mía. De todas maneras ya estoy cansado. Bueno, mi amor, mañana será nuestra luna de miel.

Se acerca y besa mis labios cerrados. Su saliva sabe salada.

Al día siguiente Romeo llega a la habitación, decorada y preparada para una pobre mariposa que ya está sin alas; esa mariposa soy yo con mi zozobra, bajo la decisión de otro, tratando de sobrevivir en este estiércol espiritual.

—Bonita, hoy quiero hacerte feliz porque tú me has devuelto a la vida.

Se acerca. Su aliento huele a pastillas de menta y se ha puesto una loción que nunca voy a olvidar. Pero el olor de ese cuerpo es un tatuaje que llevo en mi olfato; si lo oliera nuevamente lo reconocería al instante... Llega silencioso, como los animales al cazar. Se acerca a mí en silencio, con ardor, con pena, con fuerza, con, con, con...

Me venda los ojos dejando afuera el cabello; no se por qué pero Romeo tiene una fijación con mi cabello: cada vez que lo toca saca un pequeño peine y lo peina; seguramente siente sosiego al hacerlo. Este enfermo mental actúa como si estuviera jugando con una muñeca Barbie. Es una extraña y perturbadora combinación de loco y niño. Me cepilla el cabello con lentitud con todo el tiempo que tiene, porque yo... bueno, mi tiempo se ha acabado. Después me recuesta en la cama y me dice:

—Amor, quiero hacerte la mujer más mujer hoy. Hoy serás muy feliz, porque esa es mi responsabilidad. Te juro que llegarás a enamorarte de mí.

Mi cabeza se desquicia con esas palabras. ¿Cómo puede pensar este tipo que voy a sentir algo agradable hacia él? ¿No entiende que me está violando?

Yo soy un bulto a la disposición de no sé quién. Este hombre es todos los hombres; no tiene rostro, puede ser uno o cualquiera, qué sé yo. "Dios mío", digo silenciosamente, "¿esto quieres que viva?"

Me empieza a desnudar y a besar cada parte del cuerpo. Yo pienso en mi dignidad, en mi feminidad que está siendo arrebatada por un fantasma. Se pone a los pies y empieza a lamerme cada uno de mis dedos, con su lengua va pasando de un dedo a otro; una lengua maldita, pegajosa y llena de su saliva venenosa. Empieza a subir con la tranquilidad que sólo él siente en ese momento.

—Bonita, hoy te haré muy feliz.

—Romeo, y si entran los otros, ¿me van a violar todos?

Empiezo a llorar imaginando que entra el Enano y que golpea a Romeo y me viola, y que detrás de él vienen todos.

—No, chiquita, cálmate, no te harán daño. Ya saben que tú eres mía. Yo les dije que me haré responsable de ti. El jefe me dijo que ojalá no me haya equivocado. Él me entiende y sabe que estoy enamorado de ti.

Ese hombre sigue viviendo su sueño dentro de mi pesadilla. Mientras me acaricia como nunca nadie lo ha hecho, caigo en la cuenta de que este psicópata me está viendo en su locura como una Diosa Blanca, y a su vez yo siento que él piensa que debe tratarme con gran delicadeza. Seguramente porque nunca soñó en su vida con tener una mujer así en sus brazos.

—Que blanca y hermosa eres. ¿Te gusta?

Secuestrada, y en este momento violada, ¿cómo puede este imbécil pensar que yo puedo sentir placer? Para mí esto es una atrocidad cometida en mi contra, y además con el miedo de que otros entren y, al ver la escena, quieran participar en la demencia creada. ¡Dios! Esto esa una locura. Me besa durante horas, me siente y se siente, y yo, yo muriéndome y repitiendo una y otra vez: "¿Por qué, Dios mío, por qué?"

El fantasma me pone el condón en las manos y me dice:

—Quiero que estés segura de que no pienso hacerte ningún daño. Pónmelo y estarás segura.

—¿Daño? ¿No te das cuenta el daño que me estás haciendo?

—Sh, sh, todo está bien, ven, ven mi amor...

Y así entra en mi ser la maldad, el robo, la muerte, el secuestro, la humillación, el hombre. Los dos mundos se juntan en el llamado opuesto del bien y el mal.

La posesión dura y dura y dura... Dura mucho tiempo. Pero nunca le doy el gusto de poseer mi alma, solamente ha sido dueño de mi cuerpo, nunca de mi verdadero ser. Y eso, eso es mucho, porque yo me he quedado con la parte mas valiosa de mí.

¿Qué huellas ha dejado ese ser en mi ser?

Todas.

Cuando termina se acurruca a mi lado. Su sudor es la prueba que el universo requiere en ese momento para no sé qué.

—¿Sabes, mi amor? La otra noche que nos fuimos de farra, el jefe volvió a tomar y fuimos a un *table dance* y el lugar estaba lleno de cubanas muy guapas. En la zona rosa está ese lugar. Una bailarina se me acercó y quería conmigo. Luego el jefe mandó llamar a cuatro bellezas para tomar con nosotros; una se me sentó en las piernas, pero yo la alejé porque solamente pensaba en ti. La pasamos muy bien, pero antes de salir hubo una redada y nos detuvieron a todos dentro del club. Y nosotros sudábamos porque imagínate: de consumidores de cocaína a secuestradores hay una gran diferencia. Nos quitaron dinero, pero salimos sanos y salvos.

—Romeo, ¿tú te drogas?

—No bonita, solamente ellos, ellos sí se drogan, y mucho. ¿Y tú?

—No, yo odio la droga y le tengo mucho miedo.

—¿Me puedo quedar contigo?

—No. Vete.

Generalmente soy amable y respetuosa con mis secuestradores, para evitar más problemas. Pero este día simplemente no soy capaz.

—Está bien, me voy, te dejo el condón en la cabecera para que no tengas duda de que te jugué derecho.

Cuando Romeo sale me quito la venda de los ojos y veo el condón lleno con su esperma colgando de la cabecera. Voy directamente al excusado a tirarlo y me meto a bañar con agua helada porque no puedo pedir que prendan el boiler a esas horas. Con esa bendita agua me quito toda la deshonra y la humillación a la que por destino he sido acreedora en este maldito pasaje.

Como siempre revisan la basura, no tengo dónde poner el sobre del condón. No quiero que nadie se dé cuenta de que he sido violada, así que pongo el sobre del condón dentro de una lata de coca cola que está en el basurero y le meto un pedazo de papel para que nadie sepa lo que me ha pasado.

Al día siguiente me levanto, desayuno, veo televisión y hago algo de ejercicio. De pronto tocan a la puerta y de inmediato me cubro. Es el Enano.

—Hola, quiero hablar contigo.

—Sí, señor, dígame.

—Ven.

Me jala de mi rincón, acostándome en el piso. Mi corazón se agita tanto que me parece que de un momento a otro se podría detener en seco. Quedo boca arriba y con la toalla encima de mi cabeza.

Él se recuesta a mi lado y empieza a respirar fuerte, muy fuerte en mi oreja y siento cómo mis cabellos se mueven con el ir y venir de su respiración. Pero no es él solamente. Mientras más respira, más fuerte se hace también mi respiración; es una carrera de excitación hasta que llega un momento en que ninguno de los dos puede controlarlo. Empezamos a jadear como dos bestias, una acostada al lado de la otra. Yo entiendo que lo mío es terror, ¿pero él? ¿A él que lo violenta?

—¿Te has portado bien? —me pregunta, con la respiración entrecortada.

—Sí, señor.

—Quiero que me digas si alguno de mis muchachos te ha faltado.

— No, señor, nadie me ha faltado.

Mi corazón y mi instinto me dicen que no puedo confesarle al Enano que uno de sus muchachos me ha violado.

—¿Estás segura de lo que me dices? Ya sabes que a mí no me puedes mentir, porque donde yo sepa que lo haces te voy a matar. ¿Lo entiendes?

Estoy totalmente fuera de mí pero tengo que tomar fuerzas para que me crea.

—¿Sabes? Eres muy bella y me gustaría decirte que si hoy hacemos el amor no te cortaré ningún dedo. Porque los de arriba ya me dieron órdenes de que te cortemos un dedo para que tu puta familia se doble. Pero si tú quieres podemos arreglarlo. Me levanta la toalla hasta la altura de la boca y se acerca, tan cerca, que en ese momento mis esfínteres se abren y defeco.

La libido de ese diablo se corta gracias a la naturaleza, pero su enojo lo guarda durante varios días seguidos.

Se va de la habitación y yo me levanto, totalmente derrotada, me meto una vez más a bañar mi cuerpo, mi pobre cuerpo que está cubierto de excremento por la absurda realidad. Me baño con agua helada, casi arrancándome la piel con el poco jabón que me queda; pero no puedo quitarme esa sensación de vacío que me inhunda dentro y fuera del cuerpo, y del alma.

Pensamiento mágico

Cuando se está en cautiverio uno de los fenómenos que aparecen es el pensamiento mágico.

Cuando era pequeña siempre me recostaba en un lugar cerca de la ventana para tomar el sol. En ese lugar había hormigas. Mirándolas durante horas y horas, mi mente deambulaba y soñaba que me comía un panecito y me hacía chiquita y podía entrar por una pequeña rendija por la que salía al jardín. En ese pensamiento las hormigas se hacían mis amigas y me invitaban a su fiesta. Todas reían y trabajaban mucho. Me subían por un túnel hasta llegar a un hermoso girasol. Al llegar arriba, la flor estaba abierta y bella esperando a todas las hormigas, y su color amarillo era tan fuerte que me deslumbraba. Encima de la flor había pequeñas mesitas con sillas de color azul. Empezábamos a bailar al ritmo de la música del sol. Había unos pequeños popotes con los cuales tomábamos el néctar de la flor. Todo era bello y mágico.

Ahí, en mi encierro, sueño que me como ese panecito y me vuelvo chiquita, muy muy chiquita, y tengo alas y puedo volar. Pero mi problema es que todo está cerrado y no puedo salir. La ventana está cerrada y tiene barrotes. ¿Cómo lo puedo lograr? Se me ocurre que puedo hacerlo por debajo de la puerta, porque hay un espacio por el que, si me agacho y sujeto mis alas, puedo pasar. Me preocupa un poco que alguno de los secuestradores no me vea y me pise, pero ya fuera del cuarto buscaré una ventana o un lugar abierto donde pueda volar y volar muy lejos de este lugar. Mientras pienso y pienso en esto, las horas de mi secuestro vuelan como yo quiero hacerlo.

Esa mañana entra Romeo y me da un gran beso en la frente.

—¿Sabes, mi amor? Ayer cené con el jefe y me dijo que tú sí me querías. Me dijo que te preguntó si alguno de nosotros te había tocado y que tú le contestaste que no. Me dijo que lo habías hecho para protegerme, y eso me hace muy feliz.

Con los pelos de punta le pregunto:

—¿Le dijiste lo que me hiciste?

—Claro, nosotros no podemos mentirnos.

—¡Oh! Por Dios, Romeo, ¿qué es todo esto?

—La vida, Titi, la vida.

¿Esta es la vida? Supongo. Es el destino, esa fuerza necesaria que el orden del mundo ejerce sobre cada uno de nosotros. Es un dictado casi siempre desconocido, y por lo tanto cega, domina a los individuos para que todos seamos parte del orden total. ¿Y yo? Me dejo conducir como un animal al matadero, siempre respetando al destino. Pero lo que yo quiero saber es: ¿qué quieres de mí ahora, maldito destino?

¿Quieres dejarme sin dedos? ¿Que me maten como a una rata? ¿Que estos seres me quiten cada día parte de mi dignidad? ¿Eso quieres, destino, mi antes amado destino, eso quieres tú? ¿Quién o qué eres? Algo que está fuera de mi control, que decide antes o después de cualquier circunstancia en que yo me encuentre. ¿Eres tan grande que decides el día de mi muerte, mis amores, mis triunfos? Quizá seas el pensamiento de Dios. Pero yo no sé.

Los siguientes días son de los más amargos y espeluznantes.

El Enano llega como el hijo consentido del diablo; ese hombre me repugna, siempre llega con un asqueroso olor a odio.

Es el creador del asco. Vivo algo indescriptiblemente desagradable cuando lo siento, cuando lo huelo: mi inconsciente experimenta peligro, dolor y rechazo puro. En su presencia sólo quiero defenderme y huir. No puedo expresar el miedo, el pánico, el pavor que me provoca. Tengo temor de que me ocurra lo que no quiero vivir.

—Ernestina, levántate. Te dije que si tu pinche familia no cumplía, teníamos que hacerte daño. Y ya ves, no nos dejaron otra alternativa que cortarte un dedo.

—¡No, por favor señor, no corte mi dedo! ¡Por favor!

Empiezo a llorar, realmente estoy desquiciada. Mi dedo, mi cuerpo, ¿cómo me lo pueden mutilar? ¿Son seres humanos? ¿O monstruos quizá?

Me vendan los ojos y me jalan hacia la pared; me sientan con un golpe en la cabeza. Empiezo a sentir los síntomas de otro ataque de pánico. No puedo dominarme y empiezo a temblar: me tiembla la mandíbula, me rechinan los dientes. En este pavoroso momento entiendo a qué se refieren los libros de terror cuando hablan del miedo. Mis manos y mis piernas reaccionan con movimientos incontrolables y el frío que corre por todo el cuerpo es la sensación proveniente de la muerte. Quizá en ese momento no me voy a morir, pero siento cómo mi cuerpo responde a la posibilidad de que una parte de él se muera: mi dedo.

—Por favor señor, córteme un dedo del pie, no me corte el dedo de la mano.

—Ya basta, no te puedo cortar el dedo del pie porque perderías el equilibrio, y además, el de la mano es el que le dará el *shock* a tu familia. Pero, ¿qué te estoy contestando? Esto te lo mereces por tener esa mierda de familia. ¿Te imaginas tu dedo metido en una caja de cereal y que empiecen a buscar como locos este pedazo de carne?

Dice eso y me toma la mano izquierda. Con él están tres o cuatro sujetos, en silencio todos. Solamente su respiración delata su presencia. Todos en ese cuarto olemos a adrenalina y a inhumanidad. Me toman la mano y me la sujetan entre muchos, porque mi temblor no me permite estar quieta. Mientras yo grito y uno de ellos me pone una toalla en la boca siento que me pican el dedo con una aguja; ni siquiera el dolor hace su aparición, y noto que él también está asustado. Siguen todos callados hasta que uno dice:

—Vámonos mientras se le duerme.

Salen del cuarto y empiezo a sentir una sensación de frescura en mi dedo meñique, que poco a poco se va convirtiendo en frío y luego en heladez.

De pronto empiezo a escuchar gritos y una discusión en la que reconozco la voz de Romeo. Después hay ruidos como si estuvieran cargando armas, mentadas de madre y muchos golpes en la pared. Durante todo esto, estoy como suspendida, nada puede alterarme. Los ruidos y los golpes continúan durante unos veinte minutos, y empiezo a sentir que el efecto de la anestesia va bajando: primero es una especie de leve hormigueo y ya puedo mover mi dedo, que es mío pero al mismo tiempo no lo es. El temblor de mi cuerpo también disminuye.

Alguien entra y mi estomago se contrae, pero esta vez es Romeo:

—Mi Titi, mi Titi. Ya no te van a cortar el dedo. Me puse tan enojado que amenacé con dejar la banda si te hacían eso. El jefe y yo nos enfrentamos por primera vez y si él se ponía cabrón yo me ponía más. Él supo hoy de lo que soy capaz, ¿y sabes? No me importa. Además hice un trato: que el dinero que me corresponde de tu secuestro se lo dejo al jefe, ¡y ya! Pero no iba a permitir que te hicieran eso.

—Romeo, Romeo, gracias.

Lo abrazo llorando y besándole las manos como una niñita. Se las beso hasta que mis lágrimas y mis labios se secan. Creo que ha sido tan fuerte la impresión que no sé a qué hora me quedo dormida en esa parte de la habitación. Parece como si me hubieran dado un mazazo y no pudiera acordarme de nada. Ya no sé nada de nada, sólo que cuando llega la mañana estoy acostada en el piso, con la colcha de la cama encima. Me quito la venda y no puedo ver. Pero, ¿qué me importa ver si mis manos, que toco y toco, están completas? Me arrastro a la cama, me subo a ella y puedo descansar un poco ese cuerpo mío ya tan avejentado. En algún momento del día me digo: "Ya pasó, y como todo lo que pasa ya está muerto porque no regresa, esto ya pasó".

Mientras todo esto me ocurre, mis seres queridos están viviendo su propio infierno. Mi familia graba las conversaciones con los secuestradores, y lo que sigue es una reproducción exacta de algunas de ellas, entre los plagiarios y mi hermana Laura.

Llamada 1

LAURA: ¿Bueno...?
SECUESTRADOR: Esas mamadas, ¿por qué las haces? No quiero que empieces con pendejadas.
LAURA: He hecho lo que me pidieron. Estoy esperando las respuestas para que la gente me preste dinero.
SECUESTRADOR: Tu puta hermana desde que te fuiste no quiere comer. Ya empieza a desilusionarse. Esto se está poniendo feo.
   Cuelgan.

Llamada 2

LAURA: ¿Sí?
SECUESTRADOR: ¿Cuánto dinero tienes? Están haciendo puras pendejadas. Se te va a cumplir lo que te dijimos de maltratarla.

LAURA: No, señor, por favor, estamos...
Cuelgan.

Llamada 3

SECUESTRADOR: Ya me dieron instrucciones de que termine esta pendejada. No están cumpliendo y la cantidad que me dices es ridícula. Tenemos órdenes de cortarle los dedos a tu hermana. Ya aceptó que sean los dedos chiquitos de los pies; pero no vamos a preguntarle, le vamos a cortar los de las manos.
LAURA: Por favor, no me diga eso, dénos una oportunidad...
SECUESTRADOR: Cállate. Te dejamos salir porque pensamos que ibas a servirnos, pero te has pasado de verga.
LAURA: No, señor, mire...
SECUESTRADOR: Cállate. Te vamos a matar a tu hermana. Y no nos importa lo que pase.
LAURA: Mire, la prensa está encima de mí, no puedo salir de aquí...
Cuelgan.

Llamada 4

LAURA: ¿Bueno...?
SECUESTRADOR: En un momento uno de los de arriba va a donde está tu hermana y yo ya no me hago responsable de lo que le hagamos. Le van a poner una madriza y no sé qué más le harán. Tú no cumples, nosotros tampoco. Quiero que te vayas a un noticiero y pidas que te ayude la gente.
LAURA: Señor, no puedo salir, la prensa y los policías están afuera...
Cuelgan.

Llamada 5

LAURA: ¿Sí...?

SECUESTRADOR: ¿Cómo vas?

LAURA: Bien, estoy trabajando.

SECUESTRADOR: ¿Cómo vas?

LAURA: Tenemos reunida esta cantidad...

SECUESTRADOR: No has avanzado nada. Estás haciendo pura tontería. Entiende que tu hermana no tendrá la misma suerte que tú. Ella que dio la vida por ti y tú la estás mandando al matadero. Qué poca cosa eres. Ya no te voy a hablar; la gente ya quiere terminar con esta situación.

LAURA: Necesito una oportunidad, estamos tratando de juntar todo el dinero como usted me lo está pidiendo. Por favor, no le haga daño a mi hermana.

SECUESTRADOR: Tu hermana ya está consciente de que no va salir bien de esto y nos pidió que le diéramos un balazo en la cabeza.

LAURA: ¡No, señor, por favor!

  Cuelgan.

Llamada 5

SECUESTRADOR: Repíteme lo que llevas.

LAURA: Tenemos esta cantidad... En eso voy señores.

SECUESTRADOR: ¿Estás pendeja o qué? Esa cantidad es ridícula. Nosotros queremos...

LAURA: Esa cantidad está fuera de la realidad, señor. A mi hermana le congelaron las cuentas en Estados Unidos y está poniendo todo lo que tiene aquí en México. Por favor...

SECUESTRADOR: Dile a tu puta hermana la bella que aunque tenga guaruras le daremos un pinche susto, y contigo va ser peor porque te dimos la confianza. ¿Qué has hecho?

LAURA: No, por favor. ¡No!

SECUESTRADOR: No mames, ya te pasaste de verga. Pinches $$$ pesos. Chingas a tu madre, te va a cargar la verga, puta, perra.

LAURA: No, no me diga eso.

SECUESTRADOR: Toda tu vida te vas a arrepentir de haber guardado unos pesos.

LAURA: No me diga eso...

SECUESTRADOR: ¿Qué quieres, perra? Puta de a peso, ¿qué quieres? No me decías esto cuando estabas aquí, ¿verdad? Ahora que estás afuera te envalentonas, pinche perra, porque tú no te estás muriendo, ¿verdad? Puta infeliz, no tienes miedo porque no son tus dedos y no es tu vida. Te voy a decir una cosa, perra de asco: si de aquí al viernes no me tienes el dinero acordado, yo no voy a arriesgar a mi gente. Escúchame, si no pagas... ya no te voy a hablar.

LAURA: Señor, estamos consiguiendo el dinero, pero esa suma es imposible. Nadie tiene ese dinero en efectivo. Por favor...

SECUESTRADOR: Ya me colmaste, puta barata. Ya no quiero saber nada.

Cuelgan.

Llamada 7

SECUESTRADOR: ¿Por qué no contestas rápido? Contesta rápido, pendeja.

LAURA: Sí, señor.

SECUESTRADOR: ¿Encontraste el dedo o no?

LAURA: ¡No, señor, eso no!

SECUESTRADOR: Escúchame, mañana te voy a mandar el otro pinche dedo. Y si no lo encuentran o no te lo quieren enseñar no es mi problema. Cállate y no estés llorando, si sigues llorando te cuelgo y voy a madrear a tu hermana para que además de mutilada esté toda golpeada. ¿Entendiste?

LAURA: Sí, señor.

SECUESTRADOR: Para mí eres una puta que ni siquiera a nadie de los de aquí te le antojaste. ¿Cuándo me tienes mi dinero?

LAURA: Mire, señor, si lo tuviera, ahora mismo se lo daba.

SECUESTRADOR: Cállate y escucha. Te hablo en veinte días, pero mañana te mando otro dedo para que lo encuentres.

LAURA: ¡No es necesario que le haga eso a mi hermanita! ¡Por favor!

Cuelgan.

Llamada 8

SECUESTRADOR: Tú sabes que madriza y dedo que prometo, lo das por hecho. Y ya, se acabó. Mañana te voy a hablar para decirte por qué sé que no encontraste el dedo que te mandé.

LAURA: ¡No!

SECUESTRADOR: Yo me doy mi tiempo, y a mi gente no la voy a mandar por un pinche chicharrón. Pero tú quieres que tu hermana y tu cuñado se queden con su dinero, todos felices y todos contentos; entonces nosotros te mandamos a tu hermana balaceada y la tiramos en un barranco. A ver quién gana. Yo sólo doy la orden de que maten a tu hermana y se la chingan en ese momento. Cada madriza que tenga tu hermana es por tu culpa. Ahorita ya lleva una. ¡Le dieron hasta por debajo de los dientes!

Cuelgan.

Llamada 9

SECUESTRADOR: ¿Cuánto llevas?

LAURA: Llevamos...

SECUESTRADOR: Pinche vieja de mierda. ¿A ti alguien te pegó?

LAURA: No señor.

SECUESTRADOR: ¿A ti alguien te violó?

LAURA: No, señor.

SECUESTRADOR: Pero a partir de que no trabajas las cosas cambiaron y tu secuestro no fue nada comparado con el que le está tocando a tu hermana. El tormento que tú le des a tu hermana es el mismo al que estuviste expuesta y que tú libraste gracias a que ella se quedó, te libraste, y ni de agradecimiento la ayudas. Eres una maldita. No somos limosneros y no voy a mandar a mis hombres por una cantidad ridícula, no voy a exponerlos ni a exponerme. Que le recen a su dinero. Que se guarden su dinero. Y quiero decirte que hoy se acabó mi juramento de no beber. Hoy es mi primera borrachera después de cuatro años. Y si me buscas... llego a la casa y de ahí te hablo, allá te digo: "Mira, Laura, cómo valió madres tu hermana" y le meto un balazo en la cabeza para que tú lo oigas para que digas "ese güey sí era de huevos". Y te voy a decir, mira, quiero que escuches cómo voy a matar a tu hermana.

LAURA: Por favor, señor.

SECUESTRADOR: No me supliques. Dime cuándo tienes mi dinero.

Cuelgan.

Llamada 10

SECUESTRADOR: Escuchas, ¿verdad?, ya es la segunda madriza que le mandas dar a tu hermana esta noche. Tienes la mala suerte de que hoy estoy tomado y ahora me vale madres todo y tengo ganas de ir a matar y la más indicada es ella. Y cuando yo te diga está muerta es que está muerta. Mañana te mando otro dedo, porque el otro no quisiste mandarlo a buscar.

LAURA: Lo buscamos y no lo encontramos.

SECUESTRADOR: Cállate, mañana vas por el otro y después que tengas en tu mano el dedo de tu hermana hablamos. Yo no sé qué esté pasando pero mañana, si no me dices qué pinche dedo te mandé, ya estaremos hablando tú y yo, ¿estamos?

LAURA: Sí, señor.

SECUESTRADOR: Y dile a la bella que el problema no era con la güera, que el problema era con ella y su puto marido. A ti te liberamos por Titi y ahora ella es la sacrificada de ustedes.

LAURA: Por Dios, tenga misericordia.

SECUESTRADOR: Cállate y no me digas nada de Dios. La muchacha ya sabe lo que es no tener un dedo, uno no es ninguno; dos, bueno... Y si tú me provocas te la voy a mandar sin dedos para que cuando tengas una obra de teatro, no tenga con qué aplaudirte... Aunque tú ya estás muy aplaudida. Bueno, ya me cansé, quiero mi dinero. Ya sé que tienes a la policía al lado.

LAURA: No, señor, toda la familia estamos poniendo todo de nuestra parte. No queremos exponer a mi hermana.

SECUESTRADOR: Cállate, primero la mato antes de que nos agarren, y si nos agarran el segundo balazo es para mí, porque de qué vale esta vida encerrado como rata en la cárcel. Así que diles a esos que te están aconsejando que se vayan antes de que la mate. ¿Entendiste?

LAURA: Señor, ¡le juro que estamos solas!

Cuelgan.

Llamada 11

SECUESTRADOR: ¿Cuánto llevas?

LAURA: Tenemos...

SECUESTRADOR: ¿Te acuerdas que te comenté que tenemos gente más arriba?

LAURA: Sí, señor.

SECUESTRADOR: Pues escucha. Solamente quiero que digas la cantidad que llevas y no digas más.

LAURA: Llevamos...

SECUESTRADOR: Yo fui pendejo por haberte soltado. ¿Quién te dio la libertad?

LAURA: Usted, señor.

Secuestrador: Te voy a hacer la pinche vida de cuadros. ¿Encontraste o no el dedo?

Laura: ¡Ay, por favor!

Secuestrador: Dime, ¿lo recogieron? Lo dejamos donde te dije, pegado debajo de la cabina telefónica con una carta de tu hermana que escribió antes de ser mutilada. ¿Lo recogiste o no? Contéstame ¿lo tienes, sí o no?

Laura: No.

Secuestrador: Ok, te voy a mandar otro, la gente que tienes al lado es muy pendeja, ni siquiera puede encontrar un dedo.

Laura: No, señor, no tengo a nadie a mi lado.

Secuestrador: Mejor te hubieras quedado, quizá ella hubiera hecho mejor las cosas que tú. Te diré cómo está la situación: a tu hermana ya se le infectó el muñón.

Cuelgan.

Llamada que le hago a mi hermana

Ernestina (Titi): Laura, ¿cuánto llevas?

Laura: Hermanita linda, llevo reunida ... cantidad. Todo lo que pensamos no es cómo pensamos. Por favor, hermana, no llores, ¡ese dinero en dólares es imposible!

Titi: Hermana, hermana, vende mis terrenos, vende mi casa ¡Por favor! ¡Ay, ay, ayúdame!

Laura: Ya hablé con la gente de tu terreno y no lo pueden vender sin tu firma, y esto no es de un día para otro.

Titi: Dile, ay, a la licenciada Nava. ¡Por favor! ¡Ay! ¡Ayúdame!

Laura: Hermana, ten calma, ten confianza. Confía en mí, hermana, te lo suplico.

Titi: Si algo me pasa te culpo a ti y a la familia de no volver a ver a mis hijas...

Cuelgan.

Fueron treinta y cuatro llamadas en total.

Me entero de que las cuentas de mi hermana y de su esposo, en Estados Unidos, han sido congeladas inmediatamente, porque mi cuñado dio aviso al gobierno norteamericano para que mandaran especialistas en la materia, con el fin de ayudar con lo que él creía conveniente. Esto, sin embargo, ha desatado un caos porque los americanos no conocen bien el mecanismo del secuestro que se da en nuestros países. En Estados Unidos no se puede aceptar el chantaje, pues al aceptarlo inmediatamente se incurre en delito. Pero eso no impide que den apoyo y estén pendientes del proceso de las negociaciones. Mi caso primero estuvo a cargo de un negociador privado que tuvo varios roces con los agentes americanos. Entonces mi hermana Federica fue a la AFI aconsejada por el licenciado Omar Saavedra, secretario de la esposa del presidente, la señora Martha Sahagún de Fox, a quienes les agradezco sus finezas.

Fue así como mi hermana, con todo lo que tenía en México, pagó.

Pero viene un día más. ¿Cuál? No lo sé, pero es un día más. ¿Cómo me iba a imaginar que alguien en cautiverio, como yo, recibiría lo que Romeo me lleva esa noche? ¡Una serenata!

Escucho el sonido de unos mariachis afuera de la casa de seguridad. Acto seguido, Romeo me grita:

—Te quiero, chiquita, te quiero.

Su voz me indica que está tomando. Me dedica diferentes canciones según va subiendo el alcohol por sus venas. De entre las que me acuerdo están: "Señora bonita", "Tus ojos", "Amor de mis amores", "Somos novios", y otras más. Esta situación es un pasaje de la película más grotesca que nunca pensé vivir. ¿Cómo puede ser que unos mariachis toquen las canciones que un secuestrador dedica a su víctima? ¿Es que Romeo está loco? Me aterro porque este demente no solamente está enamorado, está completamente loco y no sé cual de sus personalidades es peor; la del malvado o la del loco. Estoy segura de que esos

mariachis no tienen la más mínima idea de que están partici-
pando en una locura de un psicópata enamorado de su víctima.
De todos modos, no puedo sino pensar: "Bendito Dios que me
permitió que se diera esto para salvarme de las mutilaciones y
quizá de la muerte". Esos sentimientos han hecho que este tipo
actué así, que se enamore del amor y que me salve de todas las
situaciones desfavorables.

La serenata sigue y sigue, hasta que Romeo llega a mi
puerta y toca.

—Titi, ¿puedo pasar?

—No.

—Titi, voy a entrar. ¿Te gustó tu serenata? ¿Verdad que sí?

Romeo entra, hablándome y hablándome, sin contestar. Yo,
por mi parte, me he encerrado en el baño. Al darse cuenta empieza a tocar la puerta y me dice:

—Te hice un poema, te traje serenata. ¡Ábreme!

Mi silencio lo molesta.

—Yo te salvé el dedo, merezco que me abras.

No le contesto y el introduce un papel por debajo de la puerta. Yo estoy rompiendo una de las grandes reglas, nunca en-
cerrarse en el baño, ni aún cuando nos estamos bañando. Este
acto lo enfada mucho y pega fuerte en la puerta diciéndome:

—Está bien. Mañana, hagas lo que hagas, yo vendré por ti.

Cuando la puerta se cierra recojo el papel que dice:

Yo soy de noche,
tú eres de día.
Yo tengo banda,
tú tienes familia.
Yo siempre espero,
tú siempre vives.
Yo soy realista,
tú eres soñadora.

Yo manejo armas,
tú manejas poesía.
Yo soy hombre,
tú eres mujer.
Yo te lloro,
tú también.

Con amor: Romeo

Esa noche lloro por mis hijas. Cómo las extraño, pienso cómo estarán soportando todo. ¿Quién estará con ellas? A mis hermosas y adoradas hijas les digo:

Si no llegara a abrazarlas más, no tendré ninguna culpa porque las he abrazado y besado hasta saciar mi alma con sus olores, sus sonrisas, sus absolutos. Cuando ustedes nacieron yo las pude ver como venían. ¿Saben? Nunca quise que me durmieran ni siquiera la mitad del cuerpo, porque quería vivir al máximo sus nacimientos. El dolor era lo de menos, lo de más era que de mis adentros estaba naciendo otra vida y se desprendería de un momento a otro ese pedazo de carne de mi carne para convertirse en un ser independiente. Y así nacieron y les contare qué vi: lo más grande que mis ojos han visto en esta vida. Apenas nos separa el nacimiento y ya ustedes están viviendo y respirando por primera vez el mismo aire de este planeta. Nos seguía manteniendo juntas el cordón umbilical, eran hijas mías... Los colores más hermosos que nunca pude imaginar: el rojo de nuestras vidas conjuntado con un verde y un azul intenso, tan intenso como el milagro que el universo estaba presenciando.

Recuerdo que el doctor las puso a cada quien en su año y en su día en el mismo lugar: mi pecho. Y luego me preguntó: "¿Está feliz?" Yo le respondí: "Si en este momento en toda la Tierra hay realmente cinco o seis seres humanos felices, entre ellos me encuentro yo".

Quiero decirles, hijas mías, que esta vida bien valió la pena por el simple hecho que ustedes existen, y que Dios me dio la oportunidad de conocerlas y amarlas. Ustedes han sido toda mi razón de existir, por ustedes he sido este ser humano que se forjó para darles todo lo que soy, lo que he sido y lo que seré.

Camila, te amo.

Marina, te amo.

Y si les tengo que dejar una herencia, ésa, hijas mías, no será nada material. Les dejo el gran amor que les tengo, les dejo la ética que he sembrado en su esencia, les dejo el respeto a su prójimo, el no deberle a nadie nada, ni siquiera las sonrisas. Les dejo la cultura y el arte que, hoy les digo, son las armas más fuertes y poderosas para la lucha en este mundo. Les dejo el amor de hermanas que se tienen. Les dejo el ejemplo de la alegría por vivir, y la sencillez, que es la mejor amiga del hombre. Por último, hijas, les dejo la verdad, que ella nunca las dejará ser esclavas de nadie, ni siquiera de ustedes mismas. Las amo, las amo y las amo.

Y estos pensamientos me serenan. Mis hijas, aunque lejos, me serenan.

A la mañana siguiente me pongo a lavar mi blusa negra y trato de leer un libro, pero leo sin leer; seguramente mi mente y el inconsciente se preocupaban por mantenerme alerta de todo. Voy descubriendo cosas increíbles de mi cuerpo. Por ejemplo, minutos antes de que alguno de los secuestradores se acerque los vellos de mis brazos se levantan. Yo los peino para bajarlos pero ellos están rebeldes y siguen erizados en alerta. Extrañamente se mueven del lado de la puerta donde ellos entran. Puedo estar en el lado derecho o en el izquierdo del cuarto, en la cama o en el piso y ellos se mueven siempre en dirección a la puerta. Cuando se van, los vellos bajan inmediatamente; pero si siguen parados es que siempre, ¡sin fallar una sola vez, regresan! En estos días he comprendido que los vellos del cuerpo no solamente nos protegen del medio ambiente, sino que son nuestras antenas. Así como los gatos cuando se enojan o se asustan erizan los pelos, los vellos de mi cuerpo actúan de la misma forma.

Parece que mi cuerpo reacciona y responde a mi situación de otras maneras: mi menstruación se detiene; me tenía que llegar el periodo en los primeros días del secuestro, pero no es así, nunca llega. Supongo que mi cuerpo sabiamente ha detenido esa función biológica como protección ante esta realidad desconocida o peligrosa.

En mis sueños siempre aparecen el agua y el viento, y reiteradamente sueño con una cueva que me devora con grandes dientes; cuando lo hace, adentro hay agua que corre y un viento que me da en la cara, que casi no me deja respirar.

En fin, todo esto es la locura de una realidad inventada por seres que se creen dioses. Ellos forman su mundo, sus leyes, sus normas y su pequeña sociedad; sí, la sociedad del terror. Estos hombres están paranoicos, esquizofrénicos; todo el tiempo piensan que los están persiguiendo, que los escuchan. Y entre ellos hay una gran desconfianza: tienen razón porque son consientes de que están cometiendo un crimen y saben que si los agarran las autoridades estarán fritos. Enloquecen queriendo ser los dioses que perdonan la vida de un semejante o la exterminan según su antojo y estado de ánimo. Esto los hace sentirse todopoderosos; cuentan con el beneficio económico para refrendar ese poder. Sin embargo, yo siento que ellos también viven con miedo, aunque sea un miedo muy distinto al mío.

Sus mujeres les temen, sus hijos los obedecen sin chistar y las víctimas les rogamos, les lloramos y les imploramos vida. ¿Cómo puede existir esto? Pues sí, existe, y es nuestro cáncer social. Estos delincuentes, aunque estén en la cárcel, ya no podrán cambiar porque su mente y su estructura están totalmente corruptas. No sé si es la sociedad la que los convierte en monstruos o si han nacido así, pero una cosa me queda clara: están enfermos.

En algún momento me platican que ya no les importa el dinero, sino que no pueden vivir sin la adrenalina que les provoca el peligro, y que cuando no pueden secuestrar tienen que aventarse en el *bungee-jumping* o paracaídas para sentir un poco de eso a lo cual son adictos, que en ocasiones se van por alguna carretera libre y no pueden bajar la velocidad de ciento cincuenta, pase lo que pase. Yo pienso que ellos se drogan por la misma razón: cuando sienten la necesidad de esa adrenalina se meten droga para descargar el ansia.

Esa tarde el Enano llega al cuarto y me empieza a hacer muchas preguntas, entre ellas ésta:

—¿Que tipo de joyas tienes?

—Tengo cuatro anillos de brillantes, dos pulseras de oro, un juego de zafiros, collares de perlas y muchas cosas más que no me acuerdo. Están en la caja fuerte y mi hija mayor sabe en dónde está la caja.

—Mira, con la mierda que nos está ofreciendo tu familia tus joyas puede que te salven el pellejo.

Yo no sé qué está pasando afuera ni por qué las negociaciones no avanzan. Me pone muy nerviosa descubrir que están husmeándo como perros entre todo lo que poseemos. Acto seguido me preguntan acerca de los coches que tengo y que les dé las escrituras de mi casa, o que la ponga en venta para tener más dinero. Les digo que mi casa está hipotecada, cosa que no es cierto, pero claro, tengo que salvarles el techo a mis hijas. Además, pienso que si hago eso, de aquí a que se venda la casa, tendré que estar mucho tiempo más en este miserable cuarto. Pienso en mis joyas y me pongo a llorar porque mi vida vale eso: ¡unas malditas joyas! En ese momento levanto la cara al cielo y le digo a Dios que si salgo con vida del secuestro nunca me pondré una joya más en la vida. Este será el gran recordatorio de lo equivocados que estamos los seres humanos, que hemos olvidado la verdad y la esencia de cada uno de nosotros. Nunca, nunca dejaré que algo material signifique más que mi ser.

Cuando les digo que tengo cuatro anillos de brillantes me pongo a reflexionar; cada uno de esos anillos representa un amor en mi vida. Todos esos anillos tienen atrás una bella y maravillosa historia de amor. Desde que me divorcié, no quise volverme a casar. Primero, porque amo tanto a mis hijas que me parecía una locura ponerles un padrastro; no creo en las mezclas de padrastros, madrastras, hijastros... Quería que mis hijas crecieran tranquilas con el medio ambiente que yo les pudiera proporcionar y no arriesgarlas con nada. En nuestra casa solamente se respira amor, libertad, respeto y arte, porque el arte es indispensable. Esto no quiere decir que renuncié al amor. Siempre he tenido pareja; he sido una mujer muy amada y de la misma forma he amado. Pero siempre fue lo mismo cuando llegaba el momento del compromiso con anillo en mano: me negaba a dar el sí. En todas mis relaciones me ponían entre la espada y la pared: o nos casamos o terminamos. Y mi respuesta siempre fue la misma: terminamos, decía yo. Y yo siempre devolvía el anillo de compromiso, pero ninguno quiso recibirlo. Esa es la razón por la que tengo un cofrecito con mis anillos de compromiso; cada uno es el recuerdo de una historia no vivida y un camino no tomado. Quizá la persona que tomó malas decisiones en esos casos fui yo, pero ya es tarde para recapacitar. Siempre pensé: tú en tu casa, yo en la mía, y Dios en la de todos.

Pero ahora estoy aquí como un perro, sola, sin saber si vivo o muero, y entregando esos anillos que pararán en manos de quienes los malbaratarán sin saber nada de aquellas historias. Una vez más levanto la cara al cielo y le digo a Dios: "Si me dejas salir libre de ésta te prometo amar sin condiciones y sin límites. Solamente déjame, Diosito lindo, salir de esto. Pero por Dios, ¿cómo voy a poder volver a amar después de que un fantasma está abusando de mí? Ay Dios, ¡ayúdame!"

Alguien toca la puerta. Entra Romeo.

—Hola amor. Me encanta que me esperes. Ya hablamos con tu familia y tu hija irá hoy por las joyas. ¿Sabes? Creo que sé está acercando la fecha de tu partida, pero yo no quiero alejarme de ti.

Esto lo dice mientras me venda los ojos con total sigilo y me saca el cabello de la venda y empieza a peinarlo con el peine que siempre trae. Después me sienta en la cama y me quita las sandalias; no estoy segura pero parece que está hincado a mis pies. Sí, a mis pies. Me toma el pie desnudo y lo empieza a besar desde la punta del dedo hasta el talón. No puedo creerlo, pero parece que voy a volver a vivir aquella pasadilla, la peor.

—Amor mío, no quiero que te vayas. ¿Por qué no hacemos un plan? A mí me gustaría ser tu chofer o tu jardinero, lo que tú quieras, pero déjame estar cerca de ti, te necesito.

Su lengua va subiendo por mis piernas; me recuesta en la cama y me dice:

—Te voy a amarrar las manos y los pies para que sientas en toda tu totalidad que eres mía, sin reclamos, sin lágrimas, solamente tú y yo.

Saca unos pañuelos y con ellos amarra mis manos a las patas de la cama. Empieza a lamer todo mi cuerpo; mis lágrimas rebasan la venda y se dejan sentir. Él, al besarme la cara y sentir el sabor salado de mis lágrimas, me dice al oído:

—Amor, no llores, toda tú sabes dulce, no cambies el sabor por tus lágrimas. Me podría enojar pero contigo me pasa algo increíble. Soy un desalmado y soy más fiero de lo que crees, pero contigo estoy perdido, lo único que quiero hacer es amarte, protegerte y cogerte.

Con eso, me toma por la fuerza diciéndome:

—Tú sabes que soy un hombre de palabra y me acabo de poner el condón. Cuando salga te lo dejo arriba de la cama, como la otra vez, para que veas que no te quiero dañar.

Cuando termina me pregunta si he tenido placer. ¡Qué tipejo! ¿Cómo se le ocurre preguntarme eso? Esto es una violación. Te odio, maldito miserable. Te odio.

—Sí, Romeo —contesto.

—¿Me dejas quedarme a dormir contigo? Te quiero quitar las vendas; quiero que me veas, que me beses viéndome a los ojos.

—No, nunca te veré, nunca te veré, nunca te veré —y empiezo a llorar con gritos y angustia. Él me intenta calmar diciéndome que no me preocupe, que se va a ir y que descanse, que mañana será un día mejor para todos.

—Bueno, para la banda, porque para mí este es el mejor día de mi vida.

Sola, abusada, sintiéndome manchada de algo que no puedo quitarme, por segunda vez voy al baño a arrancarme eso que ni el agua ni el jabón lavan: la deshonra.

El tiempo

Un día más dentro de esta nueva vida-muerte: llega el desayuno, prenden la televisión a todo volumen, la radio, se escucha a un merolico en la calle vendiendo pantaletas, otro ofreciendo helados. Yo, recostada, miro ese maldito techo con adornos de yeso que ya me sé de memoria. Horas después camino por el cuarto, haciendo círculos del tamaño de mis pies. Llega la hora de la comida y la vida cotidiana se presenta, aunque siempre esté el miedo que nunca se va del todo; también a él le llega un día de aburrimiento.

Y es cuando pienso en el tiempo. Para Aristóteles, el tiempo es el número del movimiento según el antes y el después. De qué movimiento hablará Aristóteles, ¿del interno o del externo? ¿Cómo se puede medir el tiempo si no sabes cuándo es de noche y cuando de día? Yo creo que el tiempo sólo existe en el alma. Como decía San Agustín: "¿De qué modo se disminuye y consume el futuro que aún no existe y de qué modo crece el pasado que ya no está? Y cuando pronuncias el presente, éste ya dejó de ser". Sólo en el alma pueden habitar presente, pasado y futuro. Pero no existen los tiempos como tales; sólo hay tres presentes: el presente del pasado, el presente del presente y el presente del futuro. Porque si no es en el presente donde concibes los otros dos tiempos es imposible que existan. Si yo aquí no traigo a mi mente mi niñez, ésta ya no vendrá porque ya pasó. Pero si la evoco hoy, le estoy dando vida nuevamente. Y así con el futuro: desde mi aquí y mi ahora, puedo diseñarlo e inventarlo, y en mi futuro presente se hará realidad.

El tiempo llega a ser una sucesión infinita de instantes. En este secuestro estoy dejando de creer en el tiempo. Pero no dejo de preguntarme, ¿cuánto tiempo me queda de vida?

De pronto oigo un ruido y salgo de mis pensamientos.

Rudy toca la puerta y entra con Cuquito: esto no es normal, él siempre recoge la charola de los alimentos y se va solo, siempre solo.

—Hola, Sodi, queremos platicar contigo. Estamos muy aburridos. ¿Tú también?

—Claro que yo también, no hay nada que hacer más que esperar, y el que espera desespera.

—Mira... Ay, qué tonto, si no puedes ver. Te traemos un churro.

—¿Un churro? ¿Qué es eso?

—Ja, ja, ja, ay, Sodi, un churro es un cigarro de marihuana. Mira qué lindo regalito te traemos.

Lo encienden; a mí me empieza a dar diarrea y me descompongo.

—No, Rudy, yo odio la droga, a mí no me den droga.

—Ay, no seas mamona. Ten.

Me ponen en los labios el cigarro. Me volteo y me pongo las manos en la boca para no dejar que ellos insistan con su maldito cigarro.

—Esto te hará el secuestro más chido. Empiezas a volar y se te olvida por qué sufres.

—Pero, ¿y si agarra un mal viaje? Porque la Titi está asustada y un mal viaje está de la chingada.

—Sí, pero a ella le va a gustar. Sodi, antes de irte prométenos que vas a probarla; solamente te vamos a dar unos cuantos toques. ¿Va?

—Sí, está bien —contesto, pensando que primero muerta que meterme una droga con estos enfermos mentales— Pero antes voy a contarles un cuento...

—Sale, Sodi, ¿de qué?

—Hubo un hombre muy ambicioso y muy pagado de sí mismo que no quería que el tiempo pasará por él. Su deseo era no envejecer y de ese modo obtener fortuna, sacar provecho mientras las personas que lo rodeaban morían o se volvían ancianos. Así que un día se encontró con el diablo e hizo un trato con él: cambió su alma y pidió como deseo no envejecer. El diablo pintó un retrato de él que recibiría en el rostro las huellas de los años y de sus actos. El hombre se dedicó a usar ese poder; la gente de la ciudad donde vivía estaba asombrada porque no se le notaban los años, ni era afectado por ninguna enfermedad; podía ser herido en un duelo y no resentirse; esto le permitía matar a sus enemigos y, casi siempre, aprovecharse de la situación y quedarse con la fortuna de los demás. Enriqueció, sus posesiones se volvieron incalculables, pero su corazón estaba frío; sí, participaba en actos de caridad, más no era sino para acallar las habladurías y para que la gente pensara que era piadoso, fingía que le interesaban los demás. Y del amor... Seducía muchachas y esposas, a todas traicionaba o abandonaba, las coleccionaba. Parecía inmortal, nada ni nadie le importaba, pero su rostro era una especie de máscara sin más expresión que la que siempre quería mostrar a los demás: un hombre a gusto consigo mismo. Pocas veces miraba el retrato que escondía en un sótano; lo tenía allí porque el rostro, desde los primeros años, comenzó a mostrar las huellas terribles de todas las acciones cometidas por su dueño. Estaba irreconocible, todo él era como la llaga de un leproso; y si hubiera tenido olor, seguramente habría olido a podrido. Un día alguien se enteró de su secreto, alguien a quien seguramente le había hecho daño, a él o a su familia, a su hermana o esposa. Una noche entró furtivamente al sótano y prendió fuego al retrato. En ese mismo momento llegó el dueño de la obra y empezó a sufrir en el rostro una transfiguración. Mágicamente el retrato recuperaba sus colores y su forma mientras el rostro del hombre adquiría las formas que el retrato había tenido. Era terrible ver eso. Sí, en el hombre el rostro iba adquiriendo la forma de su alma que se había podrido...

—¡Chale, Sodi, eso está peor que un mal viaje! Mejor te dejamos sola.

Con eso se van, dejando el cuarto oliendo a marihuana; no puedo hacer nada para que el olor desaparezca, así que tengo que dormir con este olor toda la noche.

Al otro día hay una fiesta cerca de la casa, muy cerca: puedo escuchar a la banda como si estuviera tocando en la misma casa. Tienen grupos en vivo y el animador hace todo tipo de bromas. Romeo entra y me dice que si quiero ir al baile, que a él le gustaría que yo fuera, que me ponga una máscara de luchador y que nadie me reconocerá, que será divertido que vayamos a tomar y a bailar un rato.

Cada vez que la sin razón se presenta yo enloquezco. Sí: ya sé que la palabra está muy usada, pero eso es exactamente lo que siento siempre que oigo una idea descabellada. Pero esta vez también pienso que si le digo que sí, quizá en la fiesta tenga un momento en el que me pueda escapar, y así correr y correr pidiendo ayuda o metiéndome en la casa de alguien.

—Titi, ya sé qué estás pensando, pero no podrás escapar, si es que te llevo. Recuerda que la primera casa de seguridad donde estuviste con tu hermana está a cinco minutos de aquí. Eso debe darte una idea de que todo el grupo es dueño de casi toda la colonia. Y nunca salimos a festejar sin nuestros gatilleros... Ya lo pensé mejor, no te voy a llevar. No sea la de malas y algo pase. Eso no me lo perdonarían y puede que... Bueno, amor, ya me voy, pórtate bien y no hagas nada de lo que te arrepientas. Sólo piensa en tus hijas.

Y el maldito se va riéndose, sabiendo que ha pronunciado las palabras mágicas para tenerme sometida.

El ruido es infernal y yo estoy sola con Rudy, que ha entrado para recoger la charola de la cena: dos panes dulces y leche.

—¿Quiere algo más?

—¿Me puedes traer tequila y cigarros?

—¡Uy, la Sodi también quiere fiesta! Está bien, pero no haga ruido y se duerme temprano.

—Está bien.

Me trae el tequila, e increíble pero cierto, también me trae una cajetilla entera de cigarros, que guardo como un gran tesoro. Fumar es una de las pocas formas que tengo para sacar toda mi angustia y desesperación.

Le pido prestada la grabadora porque estoy decidida a pasármela bien. Me trae su grabadora negra con la antena rota y un moñito rosa que tiene amarrado. El tipejo se va y me dispongo a oír música clásica; me sirvo tequila en un vaso de plástico y enciendo un cigarro. Es un momento extraordinario: ya no oigo la fiesta de afuera, ya no tengo miedo y me empiezo a sentir contenta. Sí, qué raro, me siento contenta. El tequila es Cabrito. Desde que salí del secuestro, cada vez que lo pruebo recuerdo esa noche que ahora describo. La música es "El príncipe Igor". Es la primera vez que escucho esta ópera, y más adelante, cuando salga, me iré a buscarla y llegará a ser una de mis consentidas. Al poco rato, con mucho tequila adentro ya no quiero música clásica, quiero algo alegre, así que apago la grabadora y me quedo tomando y fumando con la fiesta de al lado, o quizá la fiesta está en la misma casa. Eso sí que sería el colmo del descaro de estos enfermos mentales. Acabo llorando, me caigo, me río, me arrastro y finalmente me quedo dormida.

Al día siguiente, todos en la casa del secuestro estamos crudos. Ruidos de baños y de vomitadas; ése es Pancho, siempre vomita y siempre está borracho o crudo. Me siento terriblemente culpable; qué irresponsabilidad de mi parte, me digo. ¿Cómo pude embriagarme sabiendo que había puesto en peligro mi persona, que todos podían haber llegado borrachos y abusar de mí y yo no hubiera podido pensar con rapidez para tomar mejores decisiones? Por pura suerte nada de eso pasó. Me siento deprimida; es normal después de tomar mucho alcohol. Me siento fragmentada, pero me lo merezco... Bueno, me digo, no te castigues, fue una buena forma de drenar toda la pus que tienes acumulada en esta herida que cada vez se infecta más, esa gran herida del alma.

—Buenos días, Sodi, ¿cómo se siente? Veo que dejó un tiradero y que fumó mucho. Esto lo sabrá el jefe. Tápese bien porque tengo que ventilar este cuarto que huele a madres. Le traje dos aspirinas para que se sienta mejor. Hoy nadie la molestará porque toda la casa está llena de cadáveres igual que usted.

Decirme que algo mío fuera igual a algo de ellos me enoja aún más conmigo.

—Hoy era mi día de salida pero ya ve, no me puedo ir si todos están dormidos. Y no crea que porque estoy solo puede pasar por su cabeza que se puede escapar. Estoy solo con una AK47, dos perros rabiosos y una granada para echársela por la espalda si intenta correr, así que mejor duerma y tome agua.

Sale dando un portazo y yo tomo las aspirinas pensando que estos diablos leen los pensamientos.

En la tarde llega Romeo, muy contento. Se sienta junto a mí, en mi rincón de la espera.

—¿Sabes, Titi? Nosotros somos devotos de la Santa Muerte. Ella nos protege de todos los males que puedan venir con estos trabajos. Casi todos la tenemos tatuada de alguna forma en nuestros cuerpos. La mía es muy grande y muy bella, mi Niña Blanca y Santita Muerte la tengo tatuada en el brazo. En nuestra colonia la gente la venera y en la pared de la casa de la esquina está colocada dentro de un relicario de vidrio. La Santa Muerte es una mujer que tiene en la mano derecha una balanza, mientras que los dedos huesudos de la mano izquierda sostienen un globo terráqueo. El cuerpo de la muertita está compuesto de unos esqueletos envueltos en un vestido largo; y frente al altar de la santa hay velas encendidas. Alrededor de ella se encuentran expuestos manzanas y puros, vasos llenos de tequila, latas de cerveza y otras ofrendas. La Santa Muerte tiene muchos adoradores. En la casa de los vecinos hay una pequeña tienda donde la venden en todos los tamaños, a un precio que va de uno o dos pesos, y hasta de 180 pesos.

"Dicen que es como una santa; la santa de los malvados pero también de los pobres, y de los narcotraficantes, por supuesto. Es nuestra madre, la madre de los secuestradores, y de los que venden en mercados a bajos precios mercancías robadas o discos compactos piratas. La gente le pide a la Santa Muerte cosas que no le pueden pedir a la Virgen de Guadalupe, como, por ejemplo: "Voy a asaltar este banco, protégeme". Los niños suplican a la santa que lleve de regreso a su casa a sus padres encarcelados. Mira, Titi, el altar de la Santa Muerte está cubierto de flores; muchos vecinos salen del barrio para rezar el rosario frente al altar. Algunos llevan sobre la cabeza enormes canastillas de flores, otros cargan sus propias figuras de la Santa Muerte para que sean bendecidas frente al altar. Los taxistas se persignan cuando pasan frente al sitio donde se alza el altar. No es superstición, la Santa Muerte existe.

"Se dice que nuestra Muerte agradece si es nombrada con cariño con el uso de alguno de sus apodos favoritos, tales como 'La Comadre', 'La Bonita', 'La Flaca', 'La Señora' o 'La Niña'.

"Te diré una de nuestras oraciones:

La jaculatoria

Muerte querida de mi corazón, no me desampares con tu protección, y no dejes a... (*aquí pones el nombre de quien tú desees que no esté tranquilo*) un sólo momento tranquilo, moléstalo a cada momento, mortifícalo, inquiétalo, para que siempre piense en mí. Amén.

(*Después se rezan tres Padre Nuestro*)

¡Oh Santísima! Gloriosa y Poderosa Muerte, que velando estás por mí, en la muerte, Señora, acordaos de mí, y haz que en este momento mi querer sólo piense y venga a mí. Muerte Sagrada, como Señora invencible que eres haz que fulano (*o fulana*). no pueda gozar en sus paseos sin mí, ni comer, ni dormir si a mi lado no está, que sus pensamientos sean sólo para mí, lo mismo su voluntad y que me de la felicidad con todo su amor. Amén.

—Ay, Romeo, ¿tú no le has rezado para que te haga algo conmigo, verdad?

—Eso nunca te lo voy a responder.

Me impresiona la forma en que estos seres viven la yuxtaposición de lo sagrado y lo malvado. Su sistema de valores está tan degenerado que no saben a quién rezarle: a Dios, a la muerte o a la Virgen de Guadalupe. Tienen que creer en algo. Pero su inconsciente sabe que de Dios están alejados. Porque nadie que mate y mutile a otro ser humano está cerca de él. Sin embargo, ellos tienen su propia religión totalmente fragmentada y alejada de cualquier realidad y aceptación.

Ellos no tienen ética, no pueden entender que el bien es la felicidad, que el bien es el placer, que el bien es vivir para los demás.

Dios mío, ayúdalos.

FASE TERCERA

La liberación

*La libertad no es más que la espontaneidad
del corazón.*

Martinetti

Esta semana estoy segura de que me van a liberar; ya llevo treinta días encerrada, y siempre les pregunto cuándo pasará y siempre me contestan que ya pronto. Pero esta mañana el Enano hace su aparición y me dice:

—Ya te vamos a liberar, Sodi. No estamos satisfechos con la paga, pero esto se está poniendo feo. Y... o te dejamos libre o te matamos. Allá afuera se saben muchas cosas y ya estás siendo buscada por la policía. Hoy haremos el recorrido que hará la persona que entregue el dinero. Esperemos que todo salga bien, porque esto es lo más difícil del secuestro. Si algo sale mal hasta aquí llegaste. Así que ponte a rezar y pide que tu familia actúe con toda la prudencia del mundo.

Sale y me deja entre temblando y feliz porque por fin tengo un poco de luz dentro de este infierno. ¡Ay, Dios mío! Salir, quiero salir de aquí y ver el sol, respirar y abrazar a mis hijas. Padre nuestro que estas en el cielo...

Esa noche aparece Romeo y me dice:

—Hola, amor, me encanta que me estés esperando.

—Ya sabes que nunca te estoy esperando, ¿que no puedes entender que estoy encerrada y que no tengo manera de ir a otro lugar?

—Bueno, ya, no te esponjes. Ya fuimos a hacer el recorrido para que entreguen el dinero. Somos unos genios, ni te imaginas todo lo que le vamos a hacer al tipo que entregue el dinero. Nunca podrán seguirnos ni tendrán un solo rastro de nosotros. El sábado te vamos a liberar. Ya estamos arreglando todo con tu familia. Yo estoy muy triste porque nos vamos a separar. A propósito, me dijo Rudy que te ofrecieron marihuana y que tú la rechazaste, pero que les prometiste que antes de irte la ibas a probar con ellos. Te prohíbo que hagas eso, ¿entendiste?

—Claro que no la voy a probar, solamente que no sabía cómo quitármelos de encima. Hasta les conté un cuento para que se les cambiara el canal, ya estaban muy pachecos.

—Está bien, pero ya sabes: lo que tú y yo hablemos se queda entre tú y yo. Te voy a comprar un vestido rojo y unos lindos zapatos para que hagamos nuestra fiesta de despedida. Quiero que siempre te acuerdes de mí. Quiero que me hagas una promesa, que cuando estés afuera nos veamos para saber si esto es realmente amor.

Me quedo callada, estupefacta; por supuesto nunca le voy a decir a este tipo que su estupidez rebasa su maldad. Él sigue hablando:

—Mira, para que no se te olvide: fuiste secuestrada el 22 de septiembre, ahora estamos en octubre, pero yo te voy a invitar el 22 de noviembre al restaurante Bellinis, que está en lo alto del "Walter Center". En ese restaurante estaré con la cara al descubierto para que me veas como soy. Te advierto que no será fácil reconocerme y que voy a estar pendiente por si decides cambiarte de bando e ir con policías. Puedo estar acompañado de una o de varias mujeres y tú nunca sabrás quien soy. Puedo verte desde algún lugar que no sea una mesa y acercarme después de que compruebe que estás sola. En fin, puedo hacer muchas cosas, pero lo importante es que no se te olvide nuestra cita. Y ahí tomaremos champaña y veremos la ciudad a nuestros pies, como dos enamorados que sólo quieren besarse y estar juntos. Después de que hablemos y me digas cuáles son tus sentimientos podemos hacer planes, y quién quita y hasta nos casemos. ¿Te imaginas? ¿Qué diría mi mamá? Y tus hijas, ¿crees que me acepten como padrastro? Te quiero decir que cuando salgas van a tratarte de decir que somos unos malditos asesinos, pero tú bien sabes que eso no es cierto; ya ves, hasta te salvé el dedo y siempre te di bien de comer. Pero lo más importante es que me enamoré de ti. Y mira que a mí las viejas se me resbalan porque saben que tengo dinero y que siempre estoy en carrazos; además, cuando me veas vas a saber que también estoy de muy buen ver. ¿Verdad que no vas a faltar a nuestra cita el 22 de noviembre?

—Por supuesto, Romeo, ¿cómo crees? Claro que ahí estaré.

Con eso se levanta del piso, me toma la cabeza que está cubierta con una toalla y me besa con fuerza, como queriendo sellar el pacto de vernos cuando esto termine.

Gracias a Dios la fiesta de despedida no se hace porque tienen mucho trabajo por mi liberación. Y el bendito día 26 de octubre llega. Esa mañana todo en la casa es caos. El día empieza a las seis treinta. Todos tenemos que estar levantados. Rudy entra, me despierta con la televisión a todo volumen y me dice:

—Tiene que bañarse ahora mismo, y todo el día estará vendada de los ojos porque vamos a estar entrando y saliendo del cuarto para preguntarle cosas y arreglar todo.

—¿Me van a devolver mi ropa y mi bolsa? Para regresar arreglada a mi casa.

—Claro que no, todas sus cosas ya fueron repartidas. Lo que le debe importar ahora es que realmente salga con vida. Le quiero agradecer lo del anillo de su hermana. Pero no le ha dicho a nadie, ¿verdad?

—No, Rudy, a nadie, ni siquiera a Romeo.

—Bien, Sodi. La vamos a extrañar. A mí lo que más me gustaba eran sus cuentos. ¡Cómo me hacía viajar con sus historias! Si así fueran todos los secuestrados el negocio sería más divertido, porque aquí uno se aburre mucho. Ya todos nos estamos vistiendo de trabajo. Cada que recogemos o dejamos a una persona nos vestimos de negro. Algunos hasta se ponen traje. Yo no. Pero somos muy profesionales. El plan es perfecto, vamos toda la banda en diferentes coches, por si siguen a uno están los otros. Espero que todo salga bien y que hoy en la noche esté abrazando a sus hijas, que veo que usted las ama con locura. Bueno, Sodi, ya está el agua. Usted sólo esté pendiente y muy vendadita. ¿Ok?

—Sí, Rudy. De acuerdo.

Escucho cómo suben, bajan, prenden y apagan los coches, oigo cómo los perros se mueven. Este día se les olvida darme el desayuno. Por suerte tengo agua embotellada y unos chocolates que Pancho me ha regalado.

A las diez de la mañana Romeo entra al cuarto y me incorporo de la cama. Como estoy vendada giro la cabeza al lugar de donde sale la voz.

—Amor, ya vamos por el dinero, es la primera vez que hacemos esto de día, pero el jefe dice que con este movimiento vamos a empezar a volver locos a los policías, si es que hay. La cita es a las doce de la mañana. Te amo. Deséanos que todo salga bien.

—Deseo de todo corazón que todo salga bien.

Sale del cuarto. Empiezo a llenarme de un sentimiento de miedo que no puedo controlar. Me tiembla la mandíbula. Mis dientes castañean de tal forma que el ruido que hacen es tan fuerte que dejo de escuchar la televisión. El tiempo pasa lento, muy lento. De repente escucho un portazo haciendo que mis dientes rechinen más fuerte. Es el Enano y me dice.

—¿Quién, chingada madre, es Arturo?

—¿Qué Arturo?

— El novio de una de tus hermanas.

—Ah, sí, sí, lo conozco.

—Ese pendejo es el que va a dejar el rescate. Espero que no sea tonto y que haga lo que le decimos, si no será nuestro primer muerto. Y te quiero decir otra cosa; aquí se quedan dos nuevos que tú no conoces ni ellos a ti. Son tiradores que sólo vienen cuando se entrega al secuestrado. Vienen de arriba para ver el dinero y que se les de su parte. Pero si algo sale mal, ellos entrarán y te darán el tiro de gracia sin ningún miramiento. Para ellos no eres sino una más. Cuando entren a preguntarte algo, contesta sólo lo que te pregunten. ¿Entendiste?

—Sí, señor.

—Son muy rudos, no hagas escándalos ni te muevas cuando entren. Conste que te lo advertí. Ellos son unos malditos perros.

Se va. No sé por qué pero me da tanto sueño que no puedo más que hacerme ovillo en la cama tratando de calmarme. Me duermo como si me hubieran dado un golpe. Luego, después de un tiempo, no sé cuanto, un golpe en la puerta me despierta y unas manos me levantan con una violencia tal que me orino en el acto. Son unos hombres desconocidos. Sus voces y sus olores son nuevos para mí.

—A ver, perra, ¿cómo se llama tu muñeca de la infancia?

—¿Eh, eh? Se llama Ricitos.

Me empujan a la cama y salen dando un portazo. Escucho que están hablando por teléfono y diciendo muchas groserías. Las voces de estos tipos me dan escalofríos. Se me figura que son los brazos derechos del mero mero de las diferentes bandas organizadas del país; van por el dinero y lo reparten. También me entero de que han llevado más gente y más carros al operativo. Así que la banda que yo conozco es sólo la punta de la montaña de todo este ejército de delincuentes.

Siempre me sorprende cómo estos seres se organizan tan bien con los horarios, las tareas y los puestos. He llegado a pensar que si todos los mexicanos trabajáramos como los de aquella organización, pero para cosas buenas, nuestro país estaría en el primer mundo. Si todos nos juntamos a trabajar honestamente con empeño y dedicación, con disciplina y sobre todo con mucho amor a nuestro México, creo que nuestro país saldría adelante y brillaría con todas las maravillas que posee.

Pero este día el miedo me rebasa. Estos fantasmas son asesinos, de eso estoy segura, y mis vellos del cuerpo también lo saben: se erizan como nunca. Estas horas son las más largas de mi vida: siglos. Por fin oigo llegar coches y más coches; después, muchas voces. Quizá más de diez. Salen al patio, chorrea agua. Vuelven, se ríen y brindan:

—¡Salud! ¡Salud!

Dos horas más tarde Romeo toca la puerta.

—Hola, mi amor, todo salió muy bien. Pero qué pendejo era ese tal Arturo. Mira que se perdió tres veces y su cara era la de un fantasma, el sudor le llegaba desde las axilas hasta la cadera. Pero ya todo está terminado. El jefe no quiere que te llevemos ahora sino hasta que anochezca, así nadie tendrá problemas. ¿Sabes que yo no cobré mi parte? ¿Te acuerdas que te dije que ése fue el pacto que hice para que no te cortaran el dedo? Pues hoy el jefe me lo recordó y no me dieron nada. Eso los puso más felices porque les quedó más. Pero a mí no me importa, lo que importa es que tú estés bien. ¿Ya comiste?

—No, Romeo, no he comido.

—Ay, mi amor, ahora te traigo de comer y me vengo a despedir de ti.

Al poco rato me trae una torta y un refresco y se sienta a mi lado para ayudarme a comer, poniéndome el popote del refresco en la boca. Después, cuando termino, me recuesta y empieza a acariciar mis pechos con desesperación.

—Por favor, Romeo, ya déjame tranquila. Ya no más.

—Sh, sh, sh. Ven, mi amor, tú y yo nos despediremos, pero no para siempre, ¿verdad? Espérame, voy por el condón y unas pastillas de menta.

Regresa muy contento cantando: "Amor de mis amores, dueña mía de mi vida..."

Me recuesta en la cama y me besa metiendo en mi boca, con su asquerosa lengua, una pastilla de menta. Me desnuda rápidamente. Y yo sólo puedo pensar: ya pagaron, me voy a ir en cualquier momento y ya no tendré que soportar esto. ¡Dios mío, gracias! La penetración es tan violenta y llena de arrebato que no puedo reprimir un grito. Él me pone la mano en la boca y me pide disculpas. Así sigue el último terror que tengo que vivir. Sí, este es el último terror, ya no habrá más, ya no habrá más... De pronto me carga y me pone encima de él. Me quita la venda de un jalón y se empieza a mover como un loco diciéndome:

—Veme, mi amor, veme, quiero que cuando tengas el orgasmo me veas.

Empieza a hacer ruidos y yo cierro los ojos: nunca lo voy a ver, nunca, pienso. Y el engendro está en el punto más alto del placer. Cuando termina me toma la cara llenándola de besos; yo aprieto más y más los ojos; bajo ningún concepto puedo cometer ese error. Ya está todo pagado y dicho. No voy a caer en el juego de este demonio para que me diga que como yo ya lo he visto no me puedo ir. Busco con las manos algo con que taparme la cara y encuentro la venda; me la pongo como puedo y en ese momento por fin me permito descansar.

—Yo no te puedo dejar ir.

Estas palabras me dejan helada, paralizada; el corazón se me sale del pecho.

—¡Por favor, Romeo, no digas eso!

—No puedo dejarte ir. Mira, lo estaba pensando esta mañana. Te llevo a mi casa y te tengo como a una muñequita. Yo te voy a cuidar y a dar todo. Solamente te pongo una cadena en el pie para que te puedas mover por el cuarto, pero tendrás todo. Tengo suficiente dinero para darte una vida de reina. Titi, todos los días yo te voy a bañar y te pondré crema en todo el cuerpo. Yo te voy a cepillar el cabello. Yo sé que te gusta comer muy bien y te voy a dar todo lo que tú me pidas. Ya lo hablé con el jefe y me dijo que hiciera lo que quisiera, que a ellos ya les había tocado su parte y que lo que yo quisiera hacer era mi problema, y que si me metía en un lío ellos no se hacían responsables. Pero que si por eso yo iba a descuidar mi trabajo entonces sí tendría problemas. Ándale mi vida, vente conmigo.

—¡Por favor! Por favor, Romeo, te pido por favor que me dejes ir.

Qué tristeza me causa recordar ese pasaje de mi vida en el que, desnuda, violada, indefensa, me hinco en el piso tomándole las piernas a ese loco y le pido llorando que me deje ver a mis hijas.

—Romeo, ¡por favor! Déjame ver a mis hijas, no puedo estar contigo, déjame ver a mis hijas.

Con mi cabeza rozando sus malditos zapatos le ruego que me deje salir.

—Está bien, Titi. Ven, no te pongas así. Yo sólo quería que estuviéramos juntos siempre. Pero, ¿seguro vas a ir a nuestra cita?

—Sí, Romeo, te lo juro, ahí estaré.

—Está bien. Ven, báñate, que todavía nos faltan unas cuantas horas para partir.

Termino de bañarme; ya no me importa quitarme nada, todo ya me lo han quitado. Pero ahora tengo la ilusión de estar con los míos. El tipejo se acuesta junto a mí en la cama y nos ponemos a ver la televisión, con la salvedad de que yo estoy vendada y únicamente escucho sin escuchar.

Entra el Enano.

—Ernestina, ya está todo listo. Te vamos a llevar en una hora. Te tenemos que revisar tus orificios para estar seguros de. que no te metiste nada ahí que pueda ser peligroso para nosotros.

—No, señor, ¡por favor!, no me revisen, yo no me metí nada, se lo juro.

—Pancho se pondrá unos guantes y verá si no te llevas nada.

—No, jefe, ella no tiene nada, créame. Perdóneselo, yo me hago responsable.

—Está bien, ya me urge que se vaya. Te tiene hecho un pendejo. A ver qué dice la Lupe.

Cuando el Enano se va, Romeo me toma de las manos y dice:

—No le hagas caso al jefe. La Lupe no significa nada para mí. ¿Me crees, verdad?

—Sí, no te preocupes. Yo estoy segura de lo que sientes por mí. Y es por eso que sé que me vas a llevar a donde yo esté a salvo y pueda llamarle a mi familia.

—Claro, mi reina, ya tengo todo calculado para que estés sin ningún problema en tu casa. Además, te quiero decir algo: si tú vas a la cita, al día siguiente te voy a mandar a tu casa un coche blindado para que nunca te vuelva a pasar esto y que no te anden robando en la calle, porque no todos lo güeyes que están en la calle son tan buenos como nosotros. Pero yo quiero cuidarte y que nadie te haga daño nunca, mi amor.

Me toma en sus brazos y así me quedo hasta la hora de la liberación.

La hora esperada llega. Por fin van a soltarme. Entran todos, menos el Enano. Rudy me da un abrazo y me toma las manos dejándome en ellas unos objetos.

—Mire, Sodi, le compré unos lentes y un pequeño osito de peluche. Me encariñé con usted. Que le vaya bien en la vida y cuídese.

Cuquito me dice:

—Bueno, Sodi, cuídese.

Pancho sólo tose y me da una palmada de cuates en el hombro. Y Romeo me abraza y me dice:

—Bueno, amor, te vamos a dejar, iremos varios coches por si tenemos que cambiar. Tú irás en la parte de atrás totalmente tapada. No te vendaremos. Solamente estarás cubierta con la chamarra, y cuando te bajes la pondrás en tus hombros y nunca vas a voltear. ¿Ok?

—Sí —contesté. Me bajan recargada en la espalda de Pancho quien me dice:

—Tranquila, Titi, todo está saliendo bien.

Me meten en la parte trasera de una camioneta y me ponen algunas cobijas encima. Se oye que abren un garaje y salimos a la calle. Lo primero que experimento es el ruido de los coches. Los secuestradores ponen música de Luis Miguel.

—Titi —me dice Romeo—, si nos para un policía y te ven, tú dices que estás borracha y que te sientes muy mal. Que somos tus vecinos y que te llevamos a tu casa. Cuando lleguemos al lugar donde te vamos a dejar te abrazas de mí como si fuéramos novios. Te pones los lentes antes de bajar del coche y nunca veas nada más que el piso. Te vamos a dejar en un lugar que está cerca de la tienda Sanborn's y de ahí puedes llamar a tu familia.

Después de más de media hora llegamos al lugar. Yo estoy totalmente empapada de sudor por tener las cobijas encima, por el miedo y por el último golpe de adrenalina. Rezo con el alma para que realmente todo esto sea verdad. Me sacan de la camioneta y me agachan la cabeza. Lo primero que piso es pasto y me doy cuenta de que no hay pavimento. El miedo me empieza a comer una vez más. ¿Me van a dejar en el monte? ¿Me van a dar un balazo en la espalda? Dios mío, apiádate de mí. Mientras pienso esto Romeo me abraza como novio, pasa mi brazo alrededor de su cuello y me susurra:

—Titi, cuando te deje tienes que contar hasta cien muy despacio, para que nos podamos ir. Después te quitas los lentes y la chamarra te la acomodas bien y vas a la tienda que te dije. No vayas a ver porque esto ya está terminado, no te equivoques. Te voy a extrañar mucho, mi amor, hasta luego.

Me sienta en una banca y pienso: esto es un parque y yo estoy sentada en una banca.

—Romeo, ¿estamos en un parque?

Ya no recibo respuesta. El fantasma por fin se ha ido con todos sus secuaces y yo estoy… ¿Dónde estoy? Uno, tres, cuarenta y dos, ocho... No puedo contar. Cuando pasa un tiempo razonable me quito los lentes, me pongo la chamarra y trato de acomodar mi cabello. Es cuando levanto la cara y la primera ráfaga de aire entra de lleno a mi ser. El aire, el bendito aire. Abro los ojos y veo la noche, veo las estrellas y puedo respirar; veo y escucho y no quiero hacer nada más que dejar que la naturaleza acaricie a este ser abatido. Y la naturaleza me consiente, me regala la luna más grande y bella que yo recuerde. El aire tiene un olor de hierba fresca, húmeda, olor a tierra mojada. Y las estrellas, todas ellas se ríen conmigo parpadeando y diciéndome: "Hey, estás libre". ¡Sí! Estoy libre después de no sé cuánto tiempo. Volteo a ver en dónde estoy y descubro que sí, es un parque. Es de noche y está muy oscuro, tanto que si no quiero que me pase algo más me tengo que mover, y rápido. Cerca hay una banda de hombres que se ven muy sospechosos. Me paro y empiezo a caminar al sitio donde veo a una pareja de enamorados. Cuando camino más de lo que medía aquél cuarto, cuando puedo dar pasos más largos siento cómo mis piernas me dan las gracias por estirarse.

Me acerco a la pareja y les pregunto muy quedito:

—Disculpen, ¿saben dónde está la tienda Sanborn's?

Gritan al verme y se alejan casi corriendo señalándome con el dedo el lugar. Quedo helada, no entiendo qué pasa. Me doy la vuelta e inmediatamente veo la calle, a la gente caminando, el pavimento, la luz y las voces, ruido. Me quedo un momento oyendo las voces: son tan bellos todos los sonidos humanos que no podría estar más contenta. Al poco rato me doy cuenta de que esta tienda queda a dos cuadras de mi casa. Qué atrevidos, me han dejado casi en la esquina de mi casa. En la entrada del Sanborns hay una patrulla; yo no quiero entrar por si me dicen que tengo que ir con ellos a declarar. Yo solamente quiero ver a mi familia. Después de un rato la patrulla se va, y entonces entro. Voy directamente a donde venden las revistas y le pregunto al señor si me deja usar el teléfono. Me dice que use una tarjeta y le digo que no tengo. Un hombre a mi lado me ofrece una. Este hombre, por cosas del destino, será después uno de mis grandes apoyos, el licenciado Max Morales. Cuando voy a tomarla llega el gerente con un policía de seguridad y me pregunta:

—¿Qué quiere?

—Me acaban de robar y quiero hablar a mi casa para que vengan por mí.

El señor me mira de arriba abajo; esos ojos nunca se me olvidarán.

—Pero la robaron toda.

—Sí, señor, toda.

Cambia la expresión de su rostro y me toma del brazo, llevándome a donde pueda sentarme y me ofrece un té. Yo sólo quiero hablar con mi familia. Me prestan el teléfono y marco a mi casa. La que contesta es Marisela, la nana de mis hijas.

—Mari, ya estoy libre, pásame a alguien de mi familia.

—Señora, señora bonita, gracias a Dios. ¿En dónde está? Dígame, voy por usted ahora, aquí está Salvador, el chofer, y también le voy a hablar a su familia.

—¿Qué no está ahí?

—No señora Titi, pero dígame en dónde está.

—Estoy en el Sanborn's de Palmas.

—Ya vamos.

Cuelga y me quedo pensando: ¿dónde estará mi familia? ¿Y mis hijas? Trato de calmarme y veo que la gente me mira y me mira, me sonríen como si todos supieran lo que me ha pasado. Volteo a un espejo en una columna y exclamo, sorprendida al ver ese reflejo: "¡Esa mujer blanca con cara y pelos de loca no soy yo. Esa mujer sin brillo en los ojos no soy yo!"

Vestida con unos pants viejos de diferentes colores, gris y verde, y con unas sandalias anaranjadas, parezco una drogada o una alcohólica. Mi exterior me demuestra que mi cuerpo ha envejecido igual que mi alma. Ahora entiendo por qué esa pareja de enamorados gritó al verme; seguramente mi físico los agredió. "Pobre Ernestina", me digo, "¿en dónde te quedaste? Hoy no te reconozco."

FASE CUARTA

El regreso
Reencuentro familiar

Discúlpeme, no le había reconocido:
he cambiado mucho.

OSCAR WILDE

Cuando llega Marisela me abrazo a ella y me saca de la tienda. Lloramos las dos.

—Señora Titi, ya viene su familia, llegaremos todos a su casa al mismo tiempo.

—Mari, ¡ay, Mari!

La puerta de mi casa se abre y al entrar siento un enorme descanso y unas ganas infinitas de llorar. Entro y veo que todo está encendido pero no hay nadie. Me siento en mi sala y tomo un cigarro, veo mi casa, mi hogar, mi vida.

Se escuchan coches. Yo estoy sentada con ganas de ver a mis hijas. La puerta se abre y se oyen los gritos: "¡Mamá, mamá!", "¡Hijas, hijas!" Las veo y me ven; nos abrazamos, entre gritos y lágrimas nos abrazamos. A este abrazo se unen mi madre, mis hermanas, mis sobrinos, mi abuela. Y todos en un círculo donde, por fin, podemos ser uno.

Me preguntan cómo me siento, pero yo simplemente no puedo creer que ya estoy libre. Poco a poco voy mirando a cada miembro de mi familia. Mi hijita Marina, que yo creía en Europa, está ahí, sonriéndome con sus grandes ojos desgastados de tanto llorar. Mi Camila está abrazada a mí, aferrada a mi ropa para que no me vuelva a ir nunca más de su lado.

Las lágrimas y los besos de mi madre van limpiando poco a poco la atmósfera de la que yo venía. Mi abuelita me da una y otra vez su bendición. Mis hermanas me tocan y me acarician con toda la ternura del mundo.

Pero no puedo contener la tristeza que me invade en ese momento. Les pido que me dejen salir al jardín un momento porque no quiero trasmitirles eso que no se dónde acomodar. Salgo, y en ese jardín hay un árbol muy grande cuya sombra siempre me protegía mientras leía. Este día el árbol me está esperando para que yo lo abrace. Lo rodeo con mis brazos y mi cuerpo. Y sale toda la locura y todo el dolor que durante todos aquellos días he contenido. Grito como una loca; abrazada al árbol lloro y grito. Nunca he gritado tanto, con tanto dolor y rabia.

Pero mi grito no viene solo. Junto con él vienen los gritos con los que éste se había encontrado en su largo caminar: algunos tan antiguos como el grito atronador de ángeles rebeldes cayendo hacia el abismo; y el grito de Dios después de haberse quedado solo; el grito de Adán al contemplar el rostro de las arenas del tiempo en las arrugas de Eva; también los gritos de las murallas al caer derribadas por el pueblo de Josué; los gritos de las nubes cuando lloran; el grito de Cristo en la cruz; el grito de las estrellas al morir; los gritos de la carne; los gritos del alma.

—¡Dejen de gritar! —grito, tratando de acallar tanto grito, pues los gritos están sordos de tanto gritar. Y mis gritos son tan fuertes que todos los otros gritos callan... Y el silencio finalmente llega a mi casa y a mi alma.

Detrás de las ventanas me mira mi familia, me acompañan cada uno de ellos con sus propios sentimientos. Yo sigo sacando todo lo que tenía guardado, escondido: sale pus, sangre, salen verdes... Yo no sé qué sale pero brota y brota. Son horas de gritos y de llanto, hasta que mis hijas también se abrazan al árbol cogiéndome de las manos y me dicen:

—Ya, mamá, todo está bien. Ven, ya estamos juntas.

—Sí, mis hijitas, ya estamos juntas. Cómo las extrañé.

Miro hacia el cielo, doy las gracias a Dios y entro a mi casa para estar con los míos.

Todos estamos hechos bolita en el cuarto de televisión. Mis hijas me meten a bañar; toda la ropa que traigo la meten en bolsas de plástico para la investigación. El agua de mi casa es un agua bendita que mientras cae cura, por lo menos en parte, las heridas del alma.

Mi familia quiere saber si me han golpeado o me han hecho daño. Pero siento que este no es el momento de darles más dolor. Es un momento de festejar porque estamos juntos, sanos y salvos. Así que yo no les digo todo lo que me ha pasado.

Mi primera gran sorpresa viene cuando veo una fotografía enorme de mí en el noticiero de López Doriga y escucho al periodista decir a su público: "Ernestina Sodi ya fue liberada del secuestro y se encuentra en estos momentos en su domicilio con su familia. Se dice que llegó con ocho kilos de menos, y que todavía no le hacen una evaluación a su salud."

—Mamá, ¿qué es esto? ¿Qué hago yo en un noticiero? ¿Qué está pasando?

—Ay, hijita todo el mundo lo sabía menos tú. Literalmente, la noticia recorrió todo el mundo.

— Pero, ¿cómo pasó?

—No sabemos, se supo desde el principio, cuando tus compadres fueron a levantar la denuncia a la delegación. Cuando dieron el nombre de tu hermana Laura supieron que eran ustedes. Pero ven, hijita, ahora descansa, vienes muy flaquita, ¿quieres comer?

—Sí, mamá, quiero comer.

Después empiezan a llegar las personas que han trabajado en mi casa por más de quince años a besarme y llenarme de abrazos, esos abrazos que necesitamos los seres que habitamos esta Tierra para ser felices. Me traen pasteles y un gran puchero con verduras y pollo. Magdalena, mi amada cocinera, me dice:

—Este caldito le calentará su corazón. Cómalo, está muy rico. Hecho con mucho amor.

Toda esa noche hablamos y hablamos. Comentamos lo que hablábamos mi hermana Laura y yo, y luego cómo habían estado las cosas afuera y cómo había estado yo adentro. La familia se queda en mi casa cerca de quince días. Todos estamos juntos, comiendo, durmiendo y viendo películas juntos. Hasta los novios de mis hermanas se quedan a dormir, cosa inaudita ya que en mi casa ningún hombre se ha quedado a dormir después de mi divorcio.

Pero, ¿qué pasó con mi familia durante el cautiverio?

En mi casa, empezamos a contarnos nuestras vivencias durante días, durante horas, durante lágrimas y risas. Me entero de cómo vivió mi familia nuestro secuestro: también estuvo secuestrada. Todos vivían en casa de una de mis hermanas esperando las malditas llamadas de los fantasmas. En esa espera deambulaban por la casa, generalmente en pijama, todo el día. Tenían miedo y se sentían observados y amenazados. Había días de llanto, otros de gritos, otros de depresión. Y todos los días que duró el secuestro estuvieron encerrados en esa casa como víctimas del suceso.

Nadie sabía nada. Algunos días comían pizza, otros días papas fritas y muchos días más el alimento eran tortas y tortas; pero la comida no era importante pues tenían los estómagos cerrados. Mi madre pasaba horas viendo el techo esperando algo. Mi hermana Federica se movilizó de tal manera que llegó a la AFI, organismo que luego se hizo cargo de aconsejar en las negociaciones; primero con ella, y después con mi hermana Laura. Las dos me platican lo difícil y traumático que fue negociar mi vida. Trataban con unos locos desquiciados cuyo único móvil era el dinero. Los agentes siempre estuvieron con mi familia, y esto los hacía sentirse más tranquilos.

Mi hermana Gabriela, sin saber con cuánto dinero contaba la familia (porque la comunicación era escasa por recomendaciones de la policía para evitar fuga de información), se organizó para conseguirlo y llevaba ya una considerable suma. Pero con la ayuda de mi hermana menor no hubo necesidad de tomar ese dinero. No tengo palabras para agradecerles a mis hermanas todo lo que hicieron por mí. ¡Gracias! Sangre de mi sangre.

Sí, todos estamos cambiados, muy cambiados, cansados, golpeados anímica y moralmente. Pero estamos juntos y podemos vernos y llorar y reírnos de nuestras desgracias.

La primera noche en mi casa es maravillosa. Después de amar y besar a mis hijas, agradecerles a todos, bañarme y comer, me acuesto en mi cama. Al contacto de mi piel con esas sábanas frescas y limpias, oliendo a hogar, mi cuerpo empieza a relajarse por primera vez; es extraña la sensación de vivir sin adrenalina. Pero mi nueva vida ya ha empezado. Mis hijas duermen conmigo, las dos. Toda esa noche y las siguientes se aferran a mi pijama para que no me vaya mientras duermen.

En mis estudios de victimología me entero que mis hijas sufrieron el "síndrome del nido vacío".[4] Este síndrome afecta a todos los hijos de secuestrados. Los hijos experimentan de un momento a otro la muerte, el abandono y el vacío de una madre o de un padre.

Ellos no saben cómo comportarse después de que sus padres desaparecen de un momento a otro, tratan de dar explicación a su emotividad y lo único que encuentran es el vacío. Los hijos son abandonados y presienten la muerte de sus padres.

---

[4] *Folleto informativo de Bogotá Presidencial para la defensa de la libertad personal*, Centro Nacional de Atención Psicológica a Familias, Bogotá, 1998.

Tienen que tomar terapia cuando el padre o la madre regresan y recuperar la fe que alguien les arrebató.

El teléfono no para de sonar durante semanas. Todas mis amistades, mis parientes y mis conocidos están al pendiente de mí. Llega un momento en que mi casa es un auténtico jardín del Edén. Flores, muchas flores, frutas y pasteles hacen su desfile para darme mensajes de amor, de esperanza y de mucha unidad humana. Llega a ser tanto el desfile de personas que empiezo a sentirme cansada, muy cansada de contar siempre la misma historia. Pero esa historia no es esta historia. En aquellos momentos todavía no estoy ni curada ni preparada para decir sencillamente la verdad.

El sentimiento que me acompaña durante estos días es un vacío y unas ganas de llorar por todo. Creo que cuando te abandonan el miedo y la adrenalina, te dejan un hueco que no se puede llenar tan fácilmente. Porque el miedo es una emoción y la adrenalina es un componente que el cuerpo produce. Su ausencia es irreparable, para bien o para mal. Mi cuerpo tenía la costumbre ya de esos elementos y ahora empieza a vivir sin ellos, ocasionando una disfunción en mí. Difícil, ¿verdad? Qué extraño hablar de esto. Pero así es.

Mi nueva vida ya no es como la que había dejado. Ahora es otra, porque yo soy otra. ¿Cómo puedo integrarme como si nada hubiera pasado? ¿Con todo lo que pasó?

Con el tiempo la noticia y el furor se calman. Todo y todos vuelven a sus vidas. ¿Y yo? ¿A cuál vida vuelvo? Ya no salgo con la confianza de antes. Y soy muy cautelosa en mis actos. ¿En dónde ha quedado mi libertad? ¿Con los secuestradores? ¿Y mis sonrisas? ¿Se habrán quedado en ese colchón viejo y desgarrado de aquel cuarto? Me busco tratando de volverme a ver.

El segundo secuestro

El mal no es lo que entra en la boca del
hombre, sino lo que sale de ella.

JESUCRISTO

El segundo secuestro se da por los medios de comunicación, que hacen de esta tragedia un chisme de espectáculos. Las primeras semanas de mi liberación mi casa está sitiada por periodistas. Esto es demasiado para nosotros. Nadie de los que estamos adentro podemos salir de la casa. Los periodistas se suben por las rejas, fotografían por los agujeros de las puertas y hacen guardia día y noche. Hasta llegan a ofrecerle dinero a mi vecino Luis para entrar a su casa y tomar videos y fotografías de nosotros desde allí. Algunos se hacen pasar por los que entregan las flores, y el colmo ocurre cuando el chofer sale a comprar comida y algunos entran corriendo hasta la sala de mi casa tomando fotos a lo loco. Reconozco que mi familia está, por varias razones, en la mira del público; pero después de una experiencia tan traumática como la que hemos vivido, esto me parece una salvaje invasión a nuestro dolor e intimidad.

A tres días de mi liberación es forzosa nuestra declaración, para que tengan efecto las denuncias y para que la policía tenga más datos para llevar a cabo las investigaciones.

Sabemos que lo tenemos que hacer, pero también tenemos miedo de que nos siga un periodista y dé la nota. Eso, lógicamente repercutiría en nuestra seguridad, porque los secuestradores nos amenazaron: no importa que estemos afuera, porque si nos metemos con ellos o los denunciamos, pasarán frente a nuestras casas y arrojarán una granada. Esta amenaza me sigue siempre hasta el mismo día que finalmente dejo mi hermoso país. Pero este día tenemos que ir a la AFI a declarar. A uno de los agentes se le ocurre la genial idea de llevarnos en la cajuela de su vehículo para escapar de la prensa.

Como estoy todavía atontada le digo que sí; cómo me arrepiento. En el momento en que nos meten a la cajuela no me pasa nada. Pero cuando el vehículo sale de la casa empiezo a sentir un ataque de pánico y una claustrofobia se apodera de mí. Empiezo a jadear y a gritar. Los agentes nunca me oyen y yo empiezo a perder el control. Mi hermana me calma diciéndome:

—No, Titi, no temas, nosotras ya salimos del secuestro.

Cuando llegamos mi estado es deplorable. Me dan agua y tengo que oler alcohol para tomar un poco de color. En fin, después nos enteramos de que al salir había una cámara escondida detrás de unos árboles, seguramente metida allí por uno de los reporteros.

En mis declaraciones, yo tengo que denunciar que además del secuestro he sufrido una violación. Cuando pido que me lleven a declarar con un ministerio público mujer, los agentes me miran extrañados. Mi petición es ridícula, eso no existe. Cuando me enfrento a ese hombre que representa al ministerio publico, me quedo helada. Con una actitud insensible y poco humana, me empieza a preguntar sin ninguna sutileza si he sido violada. ¿Cuántos sujetos participaron? ¿Me introdujeron objetos? Sigue con una serie de cuestionamientos tan dolorosos y agresivos que me levanto indignada y le digo:

—No sé quien está peor, si los secuestradores o usted.

En la sociedad que fundé para atender a las víctimas del secuestro, uno de los grandes cambios que podemos realizar es que la Comisión Nacional de Derechos Humanos esté siempre controlando la eficacia y la humanidad de los ministerios públicos. Y que cuando llegue una mujer como yo, que tiene que decir su verdad con toda la pena del mundo, debe ser atendida por otra mujer que pueda entender la agresión que le hizo un hombre: porque no es fácil decirle a un hombre desconocido, cualquiera que sea su cargo, lo que otro hombre le hizo. Con mucho trabajo y dedicación hemos podido cambiar esta realidad que existe en nuestro país.

Regresando a la prensa, nuestro infierno empieza poco a poco. Los periodistas no dejan que sanemos nuestras heridas. Se empieza a especular de todo. Nuestra historia la escriben con sangre y no con tinta. Después tenemos que defendernos como familia de los crueles y absurdos comentarios que algunos medios de comunicación hacen. Un comentarista de radio, por ejemplo, dice que lo nuestro ha sido un auto-secuestro, montado como una estrategia para conseguir más fama: en mi caso fue para vender más libros y en el de mi hermana, para ser más famosa.

Cuando escucho esto, hablo por teléfono a la estación de radio y pido hablar con el conductor.

—¿De parte de Ernestina Sodi, la secuestrada?

—Sí, señor.

—Tenemos a Ernestina Sodi en la línea. Hola Ernestina, que gusto escuchar su voz. ¿Cómo se encuentra?

—Como quiere que me encuentre con todo lo que acaba de decir usted. Yo no entiendo por qué se ensaña con nosotras. ¿No cree que ya hay mucha maldad en las almas de los secuestradores para que en usted, que comunica ideas y noticias, la haya también? Sólo quiero decirle que sus palabras las escuchan cientos de personas y que tiene una responsabilidad ética y moral de construir y no de destruir. Usted es parte de México y puede conducir sabiamente a su público para que tengan emociones sanas y buenas imágenes en su día. Porque su trabajo es bendito ya que llega a muchos corazones. Y si tiene alguna duda de nuestro secuestro hable a la Procuraduría General de la República, para pedir informes. Creo que ahí no le dirán mentiras. Por mi parte lo perdono y que Dios le guarde sus palabras.

En una revista publican una fotografía de mi hermana Laura y yo con disfraces de payasos, haciendo bromas de nuestra desgracia. Ese día lo pierdo llorando gracias a ese periodista. Creo que la prensa ha llegado al punto en que necesita reconocer que el nuevo periodismo amarillista es, por lo menos en parte, responsable del mal que padece nuestro país. Es hora de que la prensa reflexione sobre su propio papel en esta decadencia moral y ética. Tienen que pensar que lo que originan también les afecta a ellos, porque cuando dejan sus puestos en la oficina, al llegar a sus casas, se convierten en ciudadanos igual que todos. Y su empeño de provocar negatividad se revierte en su contra.

La prensa debería proporcionar noticias saludables, siempre regidas por la ética y el respeto. Esta actitud podría brindar un gran bienestar al país, que finalmente podría confiar en ellos y en su legitimidad.

Por todo el movimiento periodístico —noticieros, revistas y radio—, nuestro caso fue el destape del tema del secuestro. El secuestro es un hecho que todo México ya conocía, pero sólo en casos muy específicos se hablaba detenidamente de ello. Ahora, el problema del país ha sido gritado a los cuatro vientos, a nivel nacional e internacional. Y nosotras representamos esa problemática social. Por eso, supongo que era de esperarse que la gente tuviera temor, confusión y muchos sentimientos encontrados, que proyectaban sobre nosotras porque ellos también sentían que estaban en peligro.

FASE QUINTA

La captura de Romeo

*De todas las pasiones más bajas, el miedo es
la más maldita.*

WILLIAM SHAKESPEARE

Fase quinta: trabajo para la superación del trauma. Durante
este período se presentan grandes cambios emocionales, afectivos, laborales y económicos.

La vida sigue, y con pedazos de piel y de alma fracturados
trato de reconstruirme. Qué difícil es volver a la vida. Al paso
de los meses parece que todo sigue igual: las mismas actividades, las mismas amistades... Todo igual que antes. Pero resulta
que para mí nada es igual. Tardo un mes en poder salir de mi
casa y tratar de llevar una vida supuestamente normal.

La primera salida que hago es para presentar mi libro: *Los
Pinos, esta es tu casa.* Un año tardé en hacer ese libro, sobre la
casa presidencial de México y toda su historia; lo iba a presentar en los días después de que me secuestraran. Y bueno, como
no hay mejor distracción que el trabajo, decido continuar con
todos los proyectos que se quedaron a medio camino por los
acontecimientos.

En el regreso uno se da cuenta de quién realmente nos quiere y quién no nos ha querido nunca. Siento como si me hubiera
muerto y que, de pronto, en la resurrección muchos se han ale-
grado y otros no. Es como si uno recién hubiera muerto y todos
empiezan a repartirse la herencia sin esperar siquiera a que el
cuerpo se enfríe. Mientras estuve secuestrada, alguna "amiga"
llegó a decir que yo tenía ropa de ella y que la necesitaba. La
persona del servicio en mi casa la dejó entrar porque era de

confianza y ella casi vació mi clóset; hasta se perdieron joyas. Pero como ya se habían perdido muchas, ¿qué eran unas más? Esta supuesta amiga, cuando me liberaron, tuvo el descaro de buscarme y me llevó la ropa diciendo que se había equivocado pensando que esa ropa que se llevó era suya.

Por otro lado, tengo la suerte de tener muchos amigos de verdad, que hablaron a mi casa para decir que estaban pendientes, o para avisar de que iba a llegar de parte de ellos un sobre con dinero para lo que se ofreciera. Estos amigos pensaban sabiamente que si la dueña de la casa no estaba, ¿quién pagaría la luz, el agua, la gasolina? Esto puede parecer gracioso, pero mi familia estaba demasiado preocupada como para pensar qué pasaba con mi casa y sus necesidades.

Descubro la lealtad de mis mejores amigas gracias a mis hijas, que me cuentan cómo estuvieron pendientes de ellas. Me dicen, por ejemplo, cómo mi amiga Gina siempre les preguntaba si necesitaban dinero para comprarse lo más elemental, o las sacaba a comer y hasta algunas veces al cine. Y sabiendo de su fragilidad emocional, les daba todo el afecto que ellas necesitaban. También estaba mi comadre Ana, que pasó horas en mi casa arreglándola porque sabía que iba a regresar y quería que todo estuviera bonito cuando llegara.

Después de mi liberación, sin embargo, vivo algo inesperado y frustrante: nada me da ilusión. Ya no tengo esa motivación que me hizo tan famosa entre toda mi familia y mis amistades, quienes siempre me decían que era la jefa del club "Únete a los optimistas". Siempre que alguien se sentía mal y necesitaba subir su estado de ánimo, acudía a mí. Pero yo ya no siento nada, es como si todo hubiera perdido el encanto y el color. Bueno, hablando del color, cuando salgo del cautiverio me entero de que he perdido setenta por ciento de mi capacidad visual. Quizá fueron los golpes, la adrenalina, o porque tuve los ojos vendados por mucho tiempo.

En lo que se refiere a mi cuerpo tengo muchas molestias después del secuestro. Una de ellas es que no puedo tener relaciones sexuales. Y cada seis meses me hago la prueba del sida. El doctor me dice una y otra vez que ya no es necesario, que estoy perfectamente sana. Pero quizá es mi manera de quitarme todo lo que me ha pasado, todo lo que me han hecho. Yo sé que no es posible pero quiero estar segura y sigo queriendo estar segura. Continúo haciéndola cada seis meses, rigurosamente. Al año me opero los ojos, y cuando me quitan las vendas lo primero que veo es el color anaranjado muy brillante. El rojo intensamente rojo, lo mismo ocurre con el amarillo, son tan hermosos, que me hinco y doy gracias a Dios por dejarme ver nuevamente los colores. Ya me había acostumbrado a verlos opacos y con poca luz. Este sí es un gran regalo. Y creo que después de la operación empieza la mejoría en mi estado de ánimo.

Sin embargo, mi sueño es irregular y generalmente tengo pesadillas sobre el encierro. Mi piel, increíblemente, se descama como si hubiera estado expuesta al sol por mucho tiempo. Es un cambio parecido al de las serpientes cuando cambian de piel, y la nueva piel es como la de un recién nacido.

Durante mucho tiempo, después de mi liberación, estoy totalmente distraída, hablo de cosas que no vienen al caso y siempre tomo una actitud evasiva. Esto me preocupa mucho y me lleva a tomar terapia para mujeres violadas, para aprender a vivir con ese acontecimiento en mi vida. No soy la única que ha vivido esta experiencia, y gracias a este grupo llego a aprender que estos hombres no me han podido quitar mi honra: esa siempre estará conmigo. Quizá la pasé mal, muy mal en ese momento pero el pasado, pasado es, y ahí se tiene que quedar.

Pero lo más importante es escuchar a Dios en su palabra. Y la frase que sigo al pie de la letra es: "No permitas que se arraigue la amargura en ti".

Entonces advierto que debo soltar el veneno del pasado, de que esta actitud sólo me está lastimando y que tengo que perdonar para liberarme. Con esto en mente logro, después de mucho tiempo y mucha reflexión, perdonar a mis secuestradores para sentirme liberada. Lo logro, gracias a Dios, lo logro.

Empiezo a asumirme como víctima, y me pongo a estudiar todo lo que puedo acerca de victimología. Empiezo a conocer a muchos exsecuestrados; tantos, que casi formamos un club. Ellos son un gran apoyo para mí, porque a pesar de las buenas intenciones de muchas personas, nadie nos puede entender como sólo nosotros lo hacemos.

Me empiezo a mover para crear un centro de apoyo para las víctimas del delito, de todo tipo de delitos en realidad, pero en especial el secuestro. Y me vuelvo toda una experta. Ahora doy conferencias y terapia de apoyo. He tocado muchas puertas y tengo la satisfacción de ser una de las pioneras en fomentar la creación no sólo de centros de apoyo a las víctimas del delito, sino de una conciencia general sobre el tema.

A pesar de todo esto, a veces el miedo se me viene encima de repente. Cada vez que alguien se acerca a mi coche el corazón me empieza a latir mientras pienso siempre lo mismo: que vienen por mí.

Una de las mejores terapias que tengo es la natación. Una doctora me lo sugiere, me dice que el agua es uno de los grandes elementos con los que contamos los humanos para limpiarnos y curarnos de todo. Entro a la piscina y me pongo a flotar en posición fetal mientras la doctora me sostiene en sus brazos. Después de arrullarme mientras yo floto, me empieza a decir que se está acercando la hora de mi nacimiento; en cuanto me voy sumergiendo, siento que el agua me está dando la oportunidad de volver a nacer. Bajo el agua, siento cómo mis ojos descansan de la gravedad y mis oídos del ruido. La paz es total y el silencio es absoluto; se escucha como si estuviera en el vientre materno lleno de agua. Y de pronto me siento limpia, muy limpia, y eso es lo único importante en mi vida, en ese momento: sentirme limpia del dolor que el hombre le causa al hombre. Y vivo mi nacimiento. Efectivamente, he vuelto a nacer. Al salir del agua la doctora me dice:

—Respira tu nuevo aire, porque desde ahora toda tú estás renovada.

Después, todas las tardes me voy a nadar. Yo no sé qué tiene el agua pero mi recuperación es asombrosa. Tal vez tiene que ver con la respiración: dos brazadas, una respiración; tres brazadas, dos respiraciones. En fin, la respiración es lo que armoniza la vida y el cuerpo, y el agua me ayuda a encontrar ese bendito equilibrio entre el cuerpo y el alma.

Ahora encuentro que puedo creer otra vez en el hombre; poco a poco empiezo a tener metas e ilusiones que quiero realizar.

Pasa más de un año y un día recibo una llamada telefónica a las dos de la mañana. Al otro lado de la línea están los agentes, preguntándome si podría reconocer por teléfono unas voces, porque piensan que han atrapado a uno o dos de mis secuestradores.

Me incorporo para oír la grabación. Al escuchar la voz me levanto de inmediato y digo que sí, la reconozco, esa voz es la de Romeo.

Los agentes de la AFI vienen inmediatamente a mi casa, y al ponerme el cassette, les aseguro que sí, es él. Podría olvidar muchas cosas pero esa voz nunca.

Me citan dos días después de la captura para reconocerlo personalmente. Asisto a la cita para encontrarme con mi secuestrador y violador. Toda esa noche no puedo dormir. De nuevo me viene a visitar la ya olvidada adrenalina. Esta es reconocida inmediatamente por mi cuerpo, haciendo que sude y que mi estómago se suelte. "Dios mío", digo, "dame fuerza por favor…"

Llegan los agentes por mí, y en una camioneta blindada me dirijo al lugar donde los tienen. Los criminales se encuentran bajo captura durante cuarenta días antes de ser sentenciados para que las autoridades puedan obtener información de la banda, de sus secuaces, de toda su estructura. Cuando llego estoy muy nerviosa, lógicamente, porque voy a ver por primera vez la cara del hombre que, en su momento, era todos los hombres. Hoy, finalmente, él tendrá rostro. ¿Quién será ese hombre al que odio y a la vez le doy las gracias por haberme salvado de la mutilación de mi dedo?

El procurador de justicia me recibe muy amable, sabiendo el trago amargo que me espera y me pregunta si quiero algo de tomar o si quiero descansar en una pequeña sala mientras lo traen. Acepto esperar, pero inmediatamente me empiezan a temblar las piernas. Estoy sentada en una sala totalmente austera y después de un rato vienen por mí y me dirigen a una pequeña habitación con un gran cristal. Detrás del cristal hay un cuarto pequeño con unas luces muy fuertes. El procurador me dice:

—Vamos a colocar al sujeto enfrente de usted y lo haremos hablar, para que pueda identificarlo. No se preocupe, él no puede verla. Este cristal del otro lado es un espejo.

Y lo ponen ahí.

De pronto lo veo a través del cristal, pero él a mí no. Levanto la cara y mi estómago se contrae. Lo ponen delante del espejo. Por primera vez lo tengo frente a mí. Él me está viendo pero no me puede ver. Yo lo estoy viendo y sí, lo veo perfectamente. ¿Qué es lo que veo?

Un joven corpulento, sorprendentemente joven, de cabello muy rizado. Es más joven de lo que su edad indica y su maldad señala. Su mirada es la de un águila que sabe que pronto morirá. Todo él está como yo estaba hace más de un año, cuando estaba secuestrada: en sus manos, encerrada, violada, golpeada, atemorizada, pidiéndole y rogándole que no me hiciera más daño. Así está ese individuo delante de mí, sintiendo por primera vez el miedo, el terror y el horror ante lo desconocido. Ahora es él el encerrado, con el trato que se les da a los delincuentes. Sudando, temblando, temiendo.

Tengo la necesidad de verlo de cerca. No puedo confirmar mis sospechas detrás de un cristal.

—Disculpe, señor procurador, tengo que oler a ese hombre para estar segura de que es él.

—¿Está segura?

—Sí señor, estoy segura.

Me hacen pasar al cubículo donde tienen a Romeo. Lo ponen en la esquina, mirando hacia a la pared, para que no me pueda ver. A mí la verdad, ya no me importa que me vea. Este tipo me ha visto tantas veces, y esta es mi mirada triunfal. Pero los agentes dicen que por mi seguridad prefieren que él no me vea.

Al verlo contra la pared, desnudo del torso y temblando, mi sensación es de un gozo infinito. Este diablo ya no va a hacerle daño a nadie más, me digo una y otra vez.

Me coloco silenciosamente; me acerco a oler entre su espalda y su hombro. De pronto, de golpe el olor me envuelve y siento que se contraen mi alma y mi estómago, mi cabeza y mi razón. Este es. ¡Sí! !Sí! Este es el violador.

Cuando él me siente cerca empieza a moverse muy inquieto. Su sudor empieza a correr como un río. Así quiero verlo como alguna vez él me vio a mí.

—¿Eres tú? —alcanza a decir reprimiendo su siguiente comentario para no condenarse.

Él sabe que soy yo, y yo sé que es él.

Yo no digo nada, pero tengo que verle la mano porque le había visto una pequeña cicatriz alguna vez, cuando me acarició, se puso detrás de mí y pasó su mano por mi pecho. En ese instante yo alcancé a mirar por debajo de la toalla cubriéndome la cara.

Le tomo la mano. Sí, la misma cicatriz. De todos modos, aunque no la hubiera visto, yo sabría que ese era el hombre que me arrebató mi feminidad.

Cuando tomo su mano para ver la cicatriz e intento voltearla, él aprieta la mía y siento el sudor y la adrenalina que lo embargan. Él sabe que este momento es crucial en su vida, porque si yo declaro serán 40 años por mi secuestro, más 40 años por el de Laura, más 40 años por el de la Princesita, más 25 años por violación. Más todas las demás víctimas que lo puedan reconocer. O sea, nunca más volverá a ser libre, hasta que lo lleven al panteón a enterrar.

En ese momento me nace un coraje... Y hago lo único que tengo prohibido hacer: hablo.

Me acerco a su oído muy despacio y, sarcásticamente, le digo la misma frase que retumbó en mis oídos durante todo el secuestro:

—Romeo, me encanta que me estés esperando...

Últimas noticias

¿Por qué escribo este libro tres años después del suceso? La primera razón que me impulsó a hacerlo fue el deseo de expresar públicamente la problemática del secuestro en México. Todavía hace poco tiempo no estaba muy convencida, tenía miedo. Sin embargo, un día a principios de este año me levanté por la mañana a leer los diarios de México en internet, y fue mucha mi sorpresa al ver en primera plana el siguiente artículo:

Ernestina Sodi identifica a su enamorado

• Contradicciones en torno al secuestrador
• El secuestrador sí enamoró a mi hermana: Laura Zapata
• En medio del secuestro, de pronto, romance

FRANCISCO GÓMEZ Y JULIO QUIJANO
El Universal

Viernes 13 de enero de 2006

Romeo, el secuestrador que se enamoró de Ernestina Sodi durante el tiempo que estuvo plagiada, resultó ser Armando Figueroa Salinas, El Duende o El Blue. La hermana de la cantante Thalía lo reconoció físicamente en su declaración ante los fiscales de la Procuraduría General de la República (PGR).

La autora del libro Los Pinos, la casa de todos, señaló que a Figueroa Salinas "lo reconozco plenamente y sin temor a equivocarme. Él era Romeo, uno de mis secuestradores. Esta persona me llevaba flores, serenatas y platicaba conmigo y con él tuve mucho acercamiento físico".

Sin embargo, hay una serie de contradicciones respecto a si en realidad Figueroa Salinas es Romeo, el secuestrador que se enamoró de Ernestina Sodi.

Por ejemplo, la actriz Laura Zapata, hermana de Ernestina, aseguró en sus declaraciones ministeriales no reconocerlo físicamente, y respecto a la voz de El Duende, comentó que "me sobresalta, pero no puedo afirmar que corresponda a la de alguno de mis secuestradores".

Igualmente, en su declaración El Duende, quien no pertenece a la banda de Los Tiras, negó ser el autor del plagio de las hermanas Ernestina Sodi y Laura Zapata.

Él está confeso de secuestros y asesinatos que lo podrían llevar a pasar 50 años en prisión y siempre rechazó su participación en el rapto de las hermanas de la cantante Thalía.

Además, todos los presuntos cómplices de El Duende, y que fueron detenidos antes que la banda conocida como Los Tiras, han rechazado en todo momento cualquier participación en el plagio de las hermanas Ernestina Sodi y Laura Zapata.

La identificación

Ernestina Sodi identificó a Figueroa Salinas como Romeo, luego de que éste le fue puesto a la vista en la llamada cámara de Gesell, sitio en el cual lo miró a través de una ventana en la que ella lo podía ver sin que él la mirara.

No obstante, aquel 17 de mayo del 2004, Ernestina Sodi pidió más tarde estar físicamente cerca de El Duende para cerciorarse de que era uno de sus plagiarios. Luego de ello, y de observar de cerca las características físicas de Figueroa Salinas, hasta entonces hizo referencia a una cicatriz observada en la mano izquierda del plagiario.

Esta versión dada por Ernestina Sodi no ha variado, pero fue hecha antes de que capturaran a la banda de Los Tiras, lo cual se produjo en agosto de 2005, y cuyos miembros reconocieron ante los fiscales de la Procuraduría General de la República (PGR) su participación en el plagio de las hermanas de la cantante Thalía.

La actriz Laura Zapata, en entrevista con El Universal, manifestó su molestia por la publicación de algunas de las declaraciones del expediente ministerial del caso de Los Tiras.

"Es sorprendente que alguien se atreva a hurgar en algo tan privado como una denuncia de la cual puede depender la vida de una persona. Y además, que a un asunto tan violento se le dé un tono quijotesco. Ahora están poniendo a los secuestradores como unos románticos y le están quitando peso y validez a este delito que se llama secuestro," dijo la actriz.

El pasado miércoles, la propia señora Zapata confirmó en una entrevista televisiva la información publicada por este diario, e incluso ofreció más detalles de los presentados en la nota periodística.

En la información publicada por este diario desde el martes pasado siempre se dejó en claro la calidad de víctimas de las señoras Zapata y Sodi y se cuidó al máximo la publicación de detalles contenidos en los testimonios del expediente.

Mi primera reacción fue llorar. ¿Cuándo terminará este suplicio? ¿Cómo es posible que un periodista haya hurgado en mi intimidad? ¿Qué clase de periodistas son, que no respetan las declaraciones de una víctima?

De la tristeza pasé al enojo con una rapidez vertiginosa. ¡Qué atrevimiento! ¿Cómo se pueden llamar mexicanos si con esas acciones hacen que nadie quiera denunciar? ¿Cómo es posible que cualquiera que porte una credencial pueda tener acceso a una declaración ministerial, de carácter confidencial y protegida por la ley?

Respiré y reflexioné: "A ver, Ernestina, cálmate. Como dice el refrán: 'Al toro por los cuernos'; o sea, toma el problema en tus manos y resuélvelo ¡ya!" Puesto que estos sujetos entraron a ver mi declaración, todo indica que puede entrar cualquier otro medio y publicar una información totalmente amarillista de mi tragedia. Lo primero que debo hacer es escribir la historia, mi propia historia. Porque nadie tiene derecho a desvirtuar una verdad que solamente yo sé.

Debido a que comprendí que la situación era una bomba de tiempo, y que quien supiera que fui violada lo iba a sacar a la luz morbosamente ("La hermana de Thalía fue violada en el secuestro"), busqué los fragmentos de este libro en todos los cuadernos de notas regados por mi casa, los cuales fueron escritos en diferentes sitios de Nueva York. A veces lo hacía en Central Park, y no sé por qué, pero en los momentos más bellos, como cuando me encontraba cerca del lago, tomaba mi cuaderno y poco a poco revivían olores, sensaciones, voces, recuerdos, muchos recuerdos. Entonces escribía y escribía. Sin embargo, todas mis notas estaban contenidas en diferentes cuadernos y papeles. Muchas veces escribía en un café que me gusta mucho, ubicado en la calle 79 East y la Segunda Avenida. Ahí ya me conocen y me quieren mucho. Siempre dicen: "Ya llegó la escritora mexicana. Denle su capuchino doble".

Entonces empecé a estructurar todo en la computadora porque tenía cierta prisa por terminar.

7 de agosto de 2005

El caso revive después de que atraparon a la banda de secuestradores, el día 7 de agosto de 2005. O sea, dos años después de nuestro secuestro. Los aprehendieron en una de las dos casas de seguridad en que me tuvieron encerrada. Más tarde me enteré de cómo sucedieron los hechos.

Esta misma banda secuestró a dos hermanos menores de edad. Al momento de la revisión, los secuestradores les quitaron a cada uno su celular, uno de los cuales escondió en sus calcetines antes de que le dieran la ropa para cambiarse.

Al día siguiente del secuestro, el joven habló a su casa y le dijo a su mamá que estaban secuestrados y le describió un anuncio espectacular con ciertas características que pudo ver cerca del lugar. La Agencia Federal de Investigaciones (AFI), que ya apoyaba a la familia, le dio instrucción de que hablara en dos días para rastrear la llamada, y le pidió que desconectara el aparato para no gastar la pila y que se asegurara de esconderlo muy bien. El joven hizo la segunda llamada y los agentes comenzaron a rastrear la casa. Una vez localizada, pidieron al juez una orden de cateo para entrar. Esto tomó algo de tiempo; mientras tanto, se preparó el operativo para entrar por la noche.

Generalmente, Pancho ponía el coche en frente de la puerta para protegerse: esa noche le dio flojera y dejó el paso libre.

Quizá ese día el universo conspiró para que todos ellos fueran detenidos. El operativo se llevó a cabo. Los agentes entraron de forma rápida y violenta sin dejar a los secuestradores tiempo para nada. Estaban dormidos, en camiseta y calzoncillos. Los encontraron en flagrancia, pues tenían secuestrados a los jóvenes al momento de la captura; éstos últimos fueron liberados con la ayuda de los agentes.

Me dijeron que uno de los secuestradores trató de suicidarse cuando vio al primer elemento de la policía; se puso la pistola en la sien y jaló el gatillo, pero el arma se atoró. Seguramente el cosmos le tenía reservado el castigo que más temía: la cárcel. No supe a ciencia cierta quién de ellos fue, porque sus verdaderos nombres no coinciden con los apodos que tengo registrados en mi memoria. Pero creo que quien trató de suicidarse fue el Enano. Él siempre dijo que prefería pegarse un tiro a pasar el resto de su vida en la cárcel.

6 de noviembre de 2005

Meses después mi madre me llama para pedirme que vaya a la Ciudad de México y la acompañe a la Catedral Metropolitana, donde descansan los restos de mi padre. Mi madre me dice que un periodista ha profanado su tumba.

Ya en México voy a la Catedral y hablo con el gerente de las criptas. Al pedir una explicación de los hechos, me dice que uno de sus empleados fue sobornado por un periodista que le pidió que abriera la cripta; esto significa tomar un cincel y un martillo y quitar el cemento con que está clausurada. "¡Es realmente inaudito!", exclamo. No conforme con tomar fotografías de un sepulcro que acaba de ser abierto, ese periodista saca la bolsa que contiene los restos de mi padre y los acomoda de la manera que le conviene para tomar su fotografía estelar y afirmar que la tumba del papá de Thalía está en absoluto abandono. Una vez más somos lastimadas.

Más tarde recibo una llamada de la Procuraduría para que vaya a reconocer las casas de seguridad y también al Enano. Al día siguiente, ni tarde ni perezosa me pongo el escudo protector de Jesucristo nuestro Señor, diciéndole: "Jesús, que tu sangre bendita me bañe desde la punta de la cabeza hasta la planta de los pies; te pido prestada tu armadura y el casco protector para enfrentar todo lo que suceda este día".

Llego a la Subprocuraduría de Investigación Especializada Contra la Delincuencia Organizada (SIEDO) y me encuentro con una cara amigable: el licenciado Dax Hervest, a quien por medio de este libro quiero agradecer el ejemplar empeño en sus funciones y la atención para con nosotros los ciudadanos. Él me lleva a enfrentarme a esas dos malditas casas, en las cuales dejé algo que nunca voy a poder recuperar: la inocencia de vivir sin temor.

Me encuentro en la primera casa, la misma en la que nos tuvieron los primeros tres días. Me produce mareo subir esas escaleras con los ojos al descubierto, examinar cada rincón y llegar a ese cuarto. Al entrar, siento cómo regresa rápidamente la adrenalina para recordarme todo lo sufrido entre esas cuatro paredes. Han cambiado los colores del cuarto a rojo y azul muy chillantes. Es realmente asqueroso.

Cuando salgo me doy cuenta de que es una casa común y corriente, con aparatos de pesas y juguetes de niños regados por todos lados. Está desordenada porque la registraron en su totalidad. Después fue clausurada y nadie puede entrar, excepto las víctimas, para dar fe y legalidad de que estuvieron ahí. Una silla llama profundamente mi atención. Es una silla muy chiquita y en el respaldo de madera hay una escritura con plumón rojo. La letra es de un niño de unos cuatro o cinco años que escribe: "Abuelo te amo". Quién pudiera decir que ese abuelo es el maldito Enano. Y que ésa era su casa.

Más tarde nos dirigimos a la segunda casa. En esos momentos siento que el corazón se me empieza a salir. Tal como lo imaginé, la segunda casa está detrás de la primera, las divide una pared. Al entrar subo esos escalones nuevamente. Me tiemblan las piernas. Me doy cuenta de que todo es más grande de como lo percibí. Otra casa normal. Al llegar al segundo piso y ver el cuarto donde nos tenían secuestradas, me encuentro con que la puerta está tapada por un librero blanco corredizo. Si los secuestradores cerraban el librero, la puerta del cuarto no se veía.

Entro y les pido a los agentes que me dejen sola. Me siento en mi rincón de espera —qué raro suena escribir "mi rincón", como si algo de ahí fuera mío. Me siento en el piso y de inmediato el olor, esa cama y todos los recuerdos se me vienen encima. Me pongo a llorar con la misma fuerza del diluvio universal. "¡Gracias Dios! ¡Gracias Dios! Porque puedo estar en este momento y en este lugar, en libertad, agradeciéndote."

Horas después me llevan a la casa de alta seguridad de la Procuraduría General de la República, donde tienen a todos los criminales, secuestradores y narcotraficantes, en espera de ser trasladados a alguna cárcel del país.

En ese lugar tengo que reconocer al Enano. Me pasan a la cámara de Gesell y lo ponen frente a mí. El Enano parece un anciano dulce y no tiene nada que ver con lo que imaginé. Quien lo viera en la calle diría que es un hombre honesto y trabajador. Nunca conocí realmente su voz porque siempre la distorsionó con un artefacto o fingiendo.

Les pido que lo saquen porque lo que veo y escucho nada tiene que ver con el maldito Enano que conocí. Lo sacan y les pido que lo hagan gritar; él esconde la voz y grita muy despacio. Sé que así nunca lo reconoceré, entonces les pido que le ordenen hacer varias sentadillas.

—¿Sentadillas? —preguntan sorprendidos los agentes.

—Sí —exclamo.

El Enano sube y baja hasta que se cansa y es cuando me acerco por detrás y escucho su respiración. ¡Sí! Esa es la misma respiración que escuché aquel día en que los dos estábamos acostados en el piso y él empezó a jadear.

—Es él —les digo a los agentes. Me acerco a oler al Enano: ese olor tampoco me puede engañar.

—Qué bueno que lo reconoció. Con usted ya son siete las víctimas que confirman que este hombre es el jefe de la banda —me dice el agente.

Regreso a Nueva York muy cansada, sabiendo que tengo que volver a mi amado país el 20 de febrero para comparecer ante el juzgado.

20 de febrero de 2006

El juicio empieza y, al llegar ese día al Reclusorio Norte, lo primero que veo es a los periodistas que me están esperando para dar la nota del enfrentamiento de la víctima con sus víc-

timarios. Nos pasan a la sala donde el Enano se encuentra tras
las rejas. Él me mira detenidamente y yo hago lo mismo. Me
empieza a decir algo que no escucho, y yo solamente lo observo. ¿Qué siento? Una tristeza absoluta por ese hombre que
estropeó su vida de una manera tan oscura, y sobre la cual ya
no tiene ningún poder. Sin portar armas me parece un ser débil,
un poco menos que un bebé.

Conforme lo indica la ley me tengo que acercar para tocarlo
y decir: "Este es el hombre que me agravió". Cuando acerco
mi mano y siento su brazo, él me mira y me pregunta:

—¿Me puede perdonar?

—Sí, usted ya no puede hacerle daño a nadie más —le respondo.

El olor que emanó su boca era de hígado podrido; algo en
él estaba muy descompuesto. Además de que su alma estaba
putrefacta, su cuerpo se corrompía en vida. En fin... sólo Dios
y la ley están para juzgar.

La juez empieza a leer mi declaración ministerial en voz alta
y se me ponen los pelos de punta, toda la prensa empieza a escu-
charla. Con horror levanto la mano y le pido a la juez que ordene
a la prensa que salga; de otra manera yo no permaneceré en el juzgado. De manera muy atenta, la juez les pide que dejen el salón.
La audiencia comienza y dura más de ocho horas. Al día siguiente
debo realizar el mismo procedimiento con los otros integrantes de
la banda, que ahora es llamada la banda de "Los Tiras".

21 de febrero de 2006

Estoy sola con dos agentes en el mismo juzgado del Reclusorio
Norte; me revisan para poder entrar a la penitenciaría. Al entrar, observo a los secuestradores tras las rejas, acompañados
por todos sus familiares; son alrededor de veinte y me miran
como si la criminal fuera yo. Se acerca a mí su abogado: está

vestido con muy buena ropa y trae un reloj finísimo. Su actitud es cínica y descortés. Y yo estoy ahí sola, muy sola.

El abogado se dirige a mí de una manera muy irrespetuosa y me confronta para intentar que me contradiga. Las madres de los secuestradores están sentadas detrás de mí, al igual que las hermanas y las esposas; con caritas de angustia dicen que ellos son inocentes. Algunas de ellas me miran con resentimiento. Yo siento todas las vibraciones negativas flotando en esa habitación; algunas son de miedo, otras de sorpresa, enojo o angustia. Y estamos todos reunidos: los buenos, los malos y los de en medio; todos nosotros, hermanos de la tierra e hijos de Dios, estamos ese día juntos.

Yo ya estoy fastidiada de todo esto y bien podría no haber asistido a este juicio que es el séptimo en contra de esos fantasmas. Pero como ciudadana mexicana no puedo dejar que esos malditos sigan dañando a más personas, sobre todo cuando sé que también secuestran a niños y jóvenes.

Cansada, muy cansada, llego a casa de mi amiga después del juicio; tengo la garganta cerrada, una fiebre de 40 grados y me siento morir.

22 de febrero de 2006

Ese día recibo una llamada del director de una revista:

—Ernestina, soy el director de la Revista T.V. y quiero decirte que tengo en mis manos tu expediente. Te aviso que voy a sacar una nota de lo que te sucedió. Esto ya no se puede parar porque mucha gente lo sabe.

Totalmente afónica le digo que estoy muy enferma y que haga lo que quiera, que a mí nadie me amenaza y que me parece una porquería espiritual lo que pretende hacer. Le digo que yo no soy artista, ni cantante; solamente viví una gran tragedia y no me parece justo que me llame para decirme eso.

Le comento que si saca la nota irá también en contra de sí mismo, por ser mexicano y por fomentar que la gente no denuncie los delitos por miedo a ser acosada por los medios de comunicación. ¿Para qué denunciar si cualquiera puede husmear en lo más profundo de una familia en desgracia? Le aseguro que no me voy a quedar con los brazos cruzados, que demandaré a la revista y que me quejaré con la Comisión Nacional de Derechos Humanos, como lo hice en el caso de los periodistas. Le digo que mejor venda divorcios, casamientos, nacimientos, amores y todo lo que se da en los espectáculos, pero que no venda desgracias. Él se disculpa. No saca la nota.

Cuando pienso que ya todo esto ha terminado, pues estamos en el 2006, de pronto me llega la noticia de que el Enano se ha suicidado. De inmediato hablo a la Procuraduría para que me den informes de lo sucedido. Me dicen que se ahorcó con las agujetas de sus tenis, las cuales amarró al cable de la cafetera porque no alcanzaban a rodearle el cuello. Ha dejado una carta para su familia. Los investigadores piensan que fue un "carcelazo", que es lo que sucede cuando los presos no aguantan el encierro y se suicidan en los primeros meses de estar encarcelados. Me dicen que esto es muy común cuando los presos se percatan de que no habrá más opciones en su vida y que nunca saldrán libres de ese lugar, el cual es lo más parecido al infierno. Me informan que se hará una autopsia y que me notificarán más tarde si se suicidó o lo asesinaron los miembros de la banda.

Yo tan sólo levanto la mirada al cielo y empiezo a orar.

—Padre nuestro que estás en los cielos… líbranos del mal. Amén.

Conclusión

*La vida está sembrada con muchas espinas, y
sé que no hay más remedio que atravesarlas lo
más rápido posible. Cuanto más nos
detenemos en nuestros infortunios,
mayor es el daño que nos hace.*

VOLTAIRE

Pongo el punto final de este libro en un café de New York.

Quizá la vida me trajo aquí para realizar este proyecto o aprender acerca de la soledad.

Estoy fuera de mi patria sin querer estarlo. ¿Por qué?

Porque la última secuela vino cuando reconocí a algunos de mis secuestradores. Después, sus familiares se atrevieron a tocar a mi puerta y dejarme un atento recado.

—Dígale a la señora que retire la demanda o tendrá represalias. Esto ya es un asunto personal de familia contra familia.

A los dos días me cambié de casa y me deshice de todo lo que me representó durante tantos años. Dejé mi vida, mis actividades y sobre todo a mis amores. Tuve que dejar a mi familia, mis amigos, mis socios y a mi adorado México que cada vez extraño más. Creo que en algún momento de mi vida regresaré a estar con los míos y en lo mío. Pero por ahora, mi aprendizaje de vida me ha llevado aquí. Por supuesto no quité la denuncia, y tuve que salir de México por mi propia seguridad.

Y después de toda esta experiencia lo más importante fue que aprendí a perdonar.

El perdón es una expresión de amor

El perdón me liberó de las ataduras que amargaban mi alma y enfermaron mi cuerpo.

Esto no significa que esté de acuerdo con lo que me pasó ni que lo apruebe. Perdonar no significa dejar de darle importancia a lo que sucedió. Ni darle la razón a los que me lastimaron. Simplemente significa dejar a un lado todos esos pensamientos negativos que me causaron dolor o enojo y que me impidieron seguir adelante con mi vida. Creo que la falta de perdón me ató. El resentimiento me tenía encadenada. Y mi incapacidad de perdonar envenenó parte de mi espíritu.

El perdón es una declaración que tengo que renovar a diario, porque *la renovación del perdón es la clave para la libertad.*

Y porque quiero vivir libre. Aquí en blanco y negro. En letras y en palabras. Esto lo grito a los cuatro vientos del universo:

¡Yo, Ernestina Sodi Miranda, en presencia de Dios, declaro: los perdono!

Por último, cuando uno viene de regreso, como yo, el equipaje es más ligero, nada de lo material es importante.

Hoy me interesa el amor, mis hijas, la pasión, el atardecer, el mar, la luna, el aire, la noche, la amistad. Quiero decirles que después de este penoso incidente tengo una vida más plena, soy una mujer libre; y cada vez más, mientras menos apego tengo a lo material, más feliz soy.

Poema a la vida

Mi amor por la vida es tan grande
que en él caben el diluvio
y el relato del diluvio
y la Biblia,
desde el Génesis hasta el Apocalipsis
con todas sus letras
pues en él caben desde alfa hasta omega.
Mi amor por la vida es tan grande que en él cabe todo y no
cabe nada
pues cabe la verdad, pero no cabe la mentira;
cabe la felicidad, pero no cabe el engaño;
cabe la certeza, pero no cabe la duda;
cabe la vida, pero no cabe la muerte.
Mi amor por la vida es tan grande
que lo único que cabe es ella misma
pues crece tanto a cada instante
que ya no hay ropa que le quede
y va desnuda por el mundo.
Mi amor por la vida es tan grande
que en él caben el sol, la luna y las estrellas,
con todo y sus pensamientos.
Mi amor por la vida es tan grande...

ERNESTINA SODI MIRANDA

Agradecimientos

Agradezco infinitamente a cada uno de los miembros más importantes de mi familia.

Para mi adorada madre Yolanda: gracias por la vida, por su amor y las ganas de devolverle todas esas lágrimas vertidas en nuestra ausencia con polvos de brillantina de los ojos de Dios.

Para mi abuela Eva: todas mis caricias, para mi viejita hermosa que se desgastó de tanto rezar y por sus manitas que casi quedaron en los huesos por quitarse todos los pellejos de nervios. Recuerda que tú eres la abuelita de todas las hadas del universo.

Para mi hermana Laura: mi Lala, quiero agradecerte la oportunidad de demostrarme a mí misma la capacidad de amar, en la forma en que te amo. Gracias por tu lucha para sacarme sana y salva. Quisiera borrar todo tu dolor, con grandes abrazos de la paz de Dios.

Para mi hermana Federica: mi amada Fede, gracias por tu fuerza, tu entereza y porque eres hija de Jesús, mis respetos y admiración por ti. Por ofrecer tu casa, tu sonrisa, tus oraciones y sobre todo tu fe en nuestro señor Jesucristo. Por haber tenido la claridad de tomar el timón en de los primeros días del secuestro, y ponernos en las manos de las instituciones correspondientes. Te quiero decir que sí, que Dios ya te mece en sus brazos.

Para mi hermana Gabriela: mi Gabita. Te amo tanto y tan diferente. Con nuestros recuerdos, nuestra adolescencia, con nuestra hermandad. Gracias por tu inteligencia y tu ejemplo. Quisiera restaurarte todos los malos momentos que la incompetencia y la incomprensión te hicieron pasar. Para ti toda mi dulzura y mi admiración. Recuerda que tu voluntad es la esencia del cosmos de oro.

Para mi hermana Thalía: mi Thali, este libro te lo dedico a ti con todo el amor que una hermana le puede tener a otra. ¡Gracias! Porque tú hiciste frente económicamente a la situación desde el primer momento. Tú le dijiste a mi madre que te encargarías de todas las expectativas económicas y que nosotras jamás perderíamos la vida por una cuestión de dinero. (Quiero aclarar, respecto a toda la suma de dinero que se pidió, que fue ella, exclusivamente, quien pagó nuestro rescate.)

Gracias porque sé lo que flanqueaste y sorteaste para poder sacarnos. Te portaste como una verdadera hermana amorosa. Mi pequeña gran hermana, quisiera regresarte tu sonrisa regalándote miles de mariposas de colores para que refresquen tu alma y convertir esos días de angustia en maravillosos rayos de sol, para que cuando te acaricien te acuerdes de mí, te amo. Recuerda que tu luz es la miel de la bondad.

Para mayores informes sobre la Fundación para Víctimas del Delito ponemos a su disposición las siguientes direcciones de correo electrónico:

ernestinasodim@yahoo.com
fundacionparavictimasdeldelito@yahoo.com

Líbranos del mal se terminó de imprimir en marzo de 2007, en Priz Impresos, S.A. de C. V., Sur 113-A, Mnz. 33, Col. Juventino Rosas, C.P. 8700, México, D. F.